Christina Wiedemann | Sabine Nimz

DAS AROMA
DER JAHRESZEITEN

Vegetarische Rezepte
und Geschichten
aus den Alpen

stiebner

INHALT

SERVUS UND GRIAS DI!

Wir sind Christina und Sabine – zwei langjährige Freundinnen. Gemeinsam verbrachten wir als Kinder unsere Ferien auf einer einfachen Almhütte in den Bergen in der Wildschönau, in Tirol. Fließend Wasser gab es nur draußen am Brunnen. Und unser Spielplatz waren der nahe Wildbach, die Almwiesen und Heustadel. Dabei entstand unsere Liebe zur Natur, den Bergen und das Bewusstsein davon, welche Lebensmittel hier gedeihen.

Für Sabine wurden die Berge in Tirol schon früh zur Heimat und zum Arbeitsplatz. Christina zog es nach der Familiengründung zurück in die Berge, um auch ihre Tochter für die Natur zu begeistern. Seitdem streifen die beiden Freundinnen wieder gemeinsam über Wiesen, Wälder und Berge und freuen sich, welche Geschenke die Natur zu bieten hat. Daraus entstand die Idee, miteinander ein Kochbuch zu schreiben.

Ein Jahr in den Alpen

Mit unserem Buch laden wir dich auf eine kulinarische Reise durch die Jahreszeiten ein. Im Vordergrund stehen dabei moderne vegetarische Gerichte und alpenländische Klassiker, saisonal und regional umgesetzt: echter Geschmack aus natürlichen Lebensmitteln ohne Fertig- oder Ersatzprodukte. Pflanzliche Lebensmittel spielen die Hauptrolle, tierische Produkte wie Käse und Milchprodukte aus artgerechter Haltung ergänzen die Vielfalt. Die Gerichte versorgen den Körper mit wertvollen Nährstoffen und nähren die Seele gleichermaßen. Eine nachhaltige Ernährung beginnt für uns mit dem Wissen über globale Zusammenhänge und dem eigenen Konsumverhalten.

wir uns auf würzigen Bärlauch, säuerlichen Rhabarber und aromatische Erdbeeren. Im Sommer reifen bunte Beeren, saftige Marillen und fruchtige Tomaten. Der Herbst zeigt dann seine erntefrische Farbenpracht von Mais, Kürbis, Eierschwammerl bis hin zu Zwetschgen und Preiselbeeren. Und im Winter präsentieren wir dir die genussvolle Vielfalt der Kohlsorten. Das macht für uns die saisonale Küche aus, wir haben eine bunte Fülle an Produkten aus unserer Region zur Verfügung. Denn Saison und Region von Lebensmitteln hängen unmittelbar zusammen.

Der Geschmack ist sicherlich einer der größten Vorteile, saisonal und regional zu kochen. Voll ausgereiftes und unbehandeltes Obst und Gemüse ist intensiv im Geschmack und darüber hinaus gesünder. Die Verwendung von regionalen Produkten unterstützt die heimische Landwirtschaft und entlastet Umwelt und Klima, denn weite Transportwege und unnötige Verpackungen entfallen. Wir sind überzeugt: Eine saisonale und regionale Ernährung beeinflusst nicht nur unsere Gesundheit und die Umwelt positiv, sondern schmeckt auch einfach besser! Im Kleinen können wir so die Welt ein Stück besser machen. Jeder Schritt zählt!

Stimmungsvolle Rezeptbilder

Jedes Rezept ist mit einem Aquarell bebildert. Das fertige Gericht wird gezeigt, im Mittelpunkt stehen ein bis zwei Lebensmittel, die liebevoll von Hand gemalt sind. Die Szenen werden ergänzt mit Utensilien, wie altem Besteck, schönem Geschirr und saisonalen Insekten, Blüten, Kräutern etc. Für die Illustrationen werden Aquarellfarben, Wasserfarben und japanische Tusche verwendet. Die Bilder sollen dich dazu einladen, auf den Seiten zu verweilen, die Zutaten genauer zu betrachten, die Stimmungen der einzelnen Jahreszeiten und ihrer dazu passenden Lebensmittel einzufangen und die Rezepte mit Freude in die Tat umzusetzen (mehr zu Sabines Food-Illustrationen findest du auf S. 142).

Saisonalität und Regionalität bedeuten Vielfalt!

Jedes Obst und Gemüse hat seine Zeit. Bei der ganzjährigen Fülle im Supermarkt verlieren wir aber schnell den Überblick, welche Früchte gerade Saison haben. Unser Buch begleitet dich daher das ganze Jahr über. Im Frühling freuen

Brauchtum im Jahreszeitenzyklus

Wir werfen zudem einen Blick auf traditionelle Feste und Bräuche in den Jahreszeiten. Denn gelebte Tradition ist ein wichtiger Bestandteil der alpenländischen Kultur, die die Menschen seit Jahrhunderten begleitet. Früher lebten die Menschen im Einklang mit der Natur und waren ihrem Kreislauf unterworfen. Das spiegelt sich in den jahreszeitlichen Festtagen, die zudem oft mit kulinarischen Spezialitäten verknüpft sind.

Für jede Jahreszeit präsentieren wir dir in unserem Buch ein besonderes Brauchtum.

Im Einklang mit den Jahreszeiten bedeutet für uns, nicht nur nachhaltig, sondern auch gesund und genussvoll.

In diesem Sinne wünschen wir dir viel Freude!
Deine Christina & Sabine

PS: Übrigens, die Tiroler begegnen sich in den ländlicheren Gegenden mit dem »Du«.

Über uns

SABINE NIMZ ist Gold-und Silberschmiedemeisterin in Innsbruck und hat ihr Hobby Kunst und Malerei zum zweiten Standbein gemacht. Seit einigen Jahren beschäftigt sie sich mit japanischer Tuschemalerei und experimentiert leidenschaftlich mit Farben und Materialien. So hat sie begonnen, Bücher zu illustrieren und speziell für dieses Projekt die *food illustration* zu intensivieren. In ihrer Freizeit findet man sie in den Tiroler Bergen, im Museum, beim Meditieren oder am Maltisch.
@paint_breathe_repeat
@goldschmiedeatelier_nimz
@illustrate_breathe_repeat

CHRISTINA WIEDEMANN ist Diplom-Ökotrophologin und Autorin und veröffentlichte bereits mehrere erfolgreiche Ernährungsratgeber und Kochbücher. Als Mutter ist es ihr wichtig, auch in einem stressigen Alltag gesund und ausgewogen zu essen, dabei setzt sie auf frische, natürliche Produkte, eine saisonale Küche und eine große Portion Genuss. In ihrer Freizeit ist die zertifizierte Yoga-Lehrerin am liebsten in den Bergen beim Wandern, Klettern oder Skitouren Gehen.
www.mehrlebensqualitaet.com
@mehrlebensqualitaet

KULINARISCHER WORTSCHATZ

Auch wenn wir uns in Zeiten von Globalisierung über Grenzen hinweg sprach-
lich verstehen, so ist die Küchensprache doch sehr regional geprägt und zeigt
sich durch unzählige verschiedene Dialektausdrücke. Nachdem wir beide in
Bayern aufgewachsen sind und mittlerweile in Tirol leben, vermischen wir die
verschiedenen Begriffe von Lebensmitteln und Speisen. Die bunte Vielfalt der
Hochsprache und Mundart verwenden wir daher hier im Buch.

Damit es bei Lebensmitteln, Zutaten, Küchenutensilien und Gerichten nicht zu
Verständnisproblemen kommt, haben wir dir nachfolgend die wichtigsten
Begriffe aufgelistet.

Österreichisch - Deutsch / Bairisch

Blaukraut – Rotkraut, Rotkohl
Buchtel – süße Hefebrötchen / Rohrnudel
Dinkelmehl, glatt (Type 700) – Dinkelmehl (Type 630)
Eierschwammerl – Pfifferlinge / Reherl
Erdäpfel – Kartoffeln
Fisolen – grüne Bohnen
gerieben (Nüsse, Mohn etc.) – gemahlen
Germ – Hefe
Granten – Preiselbeeren
Holler (auch bairisch) – Holunder
Jause – Zwischenmahlzeit / Brotzeit
Karfiol – Blumenkohl
Karotten – Möhren
Kekse (zu Weihachten) – Plätzchen
Kletzen – Dörrbirnen

Kletzenbrot – Früchtebrot

Kohlsprossen – Rosenkohl

Magertopfen – Magerquark

Marille – Aprikose

Marmelade – Konfitüre

Maroni – Marone, Esskastanie

Melanzani – Aubergine

Moosbeeren (auch Schwarzbeeren) – Heidelbeeren

Palatschinken – Pfannkuchen

Paradeiser – Tomaten

Plenten – Polenta (Maisgrieß)

Powidl – Zwetschgenmus

Radieserl (auch bairisch) - Radieschen

Reindl (auch bairisch) – Kasserolle oder Bräter

resch (auch bairisch) – knusprig

Ribisel – Johannisbeere

Rohnen (Rote Rüben) – Rote Bete / Rana

Sauerrahm – saure Sahne

Schlagrahm (Schlagobers) – Schlagsahne / Rahm

Schwammerl (auch bairisch) – Pilze

Semmel (auch bairisch) – Brötchen

Semmelbrösel (auch bairisch) – Paniermehl

Staubzucker – Puderzucker

Striezel – Hefezopf

Topfen – Quark

Vogerlsalat – Feldsalat

Weichsel – Sauerkirsche

Weizenmehl (Type 480) – Weizenmehl (Type 405)

Weizenmehl (Type 700) – Weizenmehl (Type 550)

Zwetschken – Zwetschgen

Er ist's

Frühling läßt sein blaues Band
Wieder flattern durch die Lüfte;
Süße, wohlbekannte Düfte
Streifen ahnungsvoll das Land.
Veilchen träumen schon,
Wollen balde kommen.
Horch, von fern ein leiser Harfenton!
Frühling, ja du bist's!
Dich hab ich vernommen!

Eduard Mörike (1804—1875)

FRÜHLING

Im Frühling erwacht die Natur aus ihrem Winterschlaf. Während auf den hohen Bergspitzen noch der Schnee in der Sonne glänzt, strotzt im Tal das frische Grün vor neuer Energie. Die Obstbäume stehen in voller Blüte und die ersten Blumen lassen die Almwiesen bunt leuchten. Das Frühlingserwachen mit seinen intensiven Düften und Farbspielen zaubert eine wundervolle Landschaft.

Die Sonne wärmt schon kräftig und lädt zu einem Picknick auf der Almwiese ein. Umgeben von Löwenzahn schmecken uns ein erfrischender Gerstensalat mit grünem Spargel und Erdbeeren (S. 25). Als Nachtisch gibt es Grießflammeri mit einem fruchtigen Rhabarber-Erdbeer-Kompott (S. 36). Mit einer Hollerschorle in der Hand hören wir dem Summen der Bienen zu und genießen die warmen Sonnenstrahlen.

WALD-UND-WIESEN-SALZ

Das selbst gemachte Salz ist optisch ein toller Hingucker, es besticht auch durch einen herrlich kräutrig-blumigen Geschmack. Im Frühjahr treiben alle Nadelbäume wieder frisch aus und tragen leuchtend hellgrüne Tannen- bzw. Fichtenspitzen. Die sogenannten Maiwipferl werden – wie der Name schon sagt – meist im Mai geerntet. Die jungen Triebspitzen der Nadelbäume enthalten vor allem ätherische Öle, Harze, Tannine und viel Vitamin C, was sie zu einer hervorragenden Zutat für das selbst gemachte Salz macht.

ZUBEREITUNG: 15 Minuten
TROCKNEN: 24 Stunden

FÜR 1 GLAS (CA. 50 G)

1 große Handvoll Gänseblümchen,
Löwenzahnblüten und Maiwipferl
50 g grobkörniges Salz

1. Gänseblümchen und Löwenzahn von den Stielen befreien. Blütenköpfe und Wipferln vorsichtig ausschütteln, um eventuelle Insekten zu entfernen. Mit dem groben Meersalz in einen Mörser geben und zur gewünschten Konsistenz mörsern.

2. Ein Backblech mit Backpapier auslegen. Das Salz darauf verteilen und mindestens 24 Stunden bei Raumtemperatur trocknen lassen (nicht direkt in der Sonne, sonst geht das Aroma verloren). Das fertige Salz in einen luftdichten Behälter und an einem trockenen und vor Sonne geschützten Ort lagern.

Für das Rezept kannst du sowohl Tannen- als auch Fichtentriebe nehmen. Beachte bitte, nie alles zu ernten, sondern immer nur wenig von jedem Baum zu pflücken. Und nur jene Triebspitzen nehmen, die du eindeutig bestimmen kannst!

LÖWENZAHNHONIG

Löwenzahnhonig ist zwar kein richtiger Honig, mit seinem goldgelben Aussehen und der honigartigen Konsistenz dem Original aber zum Verwechseln ähnlich. Das blumig-süße Aroma macht den Löwenzahnhonig zu einer sehr guten pflanzlichen Alternative. Er schmeckt nicht nur als Brotaufstrich, sondern auch im Joghurt oder Müsli hervorragend.

ZUBEREITUNG: 1,5 Stunden
ZIEHZEIT: 1 Stunde + über Nacht

FÜR CA. 500 ML

200 g Löwenzahnköpfe
1 Bio-Zitrone
500 g Zucker

Außerdem
Einmachgläser

1. Die Blütenblätter vom Löwenzahn abzupfen und waschen. In einen Topf mit 500 ml Wasser geben und ca. 1 Stunde ziehen lassen. Anschließend aufkochen und 5–10 Minuten köcheln lassen. Die Zitrone heiß abspülen und halbieren. Eine Hälfte auspressen, die andere in Scheiben schneiden. Zitronensaft und -scheiben zum Löwenzahnsud geben, abdecken und über Nacht stehen lassen.

2. Am nächsten Tag den Sud durch ein feinmaschiges Sieb abseihen und in einen Topf füllen. Den Zucker zufügen und unter Rühren aufkochen. Bei kleiner Hitze 40–50 Minuten köcheln lassen, bis eine honigartige Konsistenz entsteht. Dabei gelegentlich umrühren.

3. Den Löwenzahnhonig in saubere Gläser füllen, trocken und dunkel lagern. Er ist etwa 1 Jahr haltbar.

Löwenzahn findest du auf Wiesen und Äckern und auch im Garten. Ernte ihn nur an Stellen mit wenig Verschmutzung – nicht an Straßen- oder Wegrändern! Und achte darauf, dass du für den Löwenzahnhonig nur die jungen, saftigen Blüten nimmst.

Alle Teile des Löwenzahns – Blätter, Blüten, Blütenknospen und sogar die Wurzeln – können verarbeitet werden und du kannst sie sowohl roh als auch gebraten oder gekocht verzehren. Kein Pflanzenteil des Löwenzahns ist giftig. Löwenzahnblätter schmecken leicht bitter, ähnlich wie Radicchio. Die Blüten haben ein leicht süßliches bis honigähnliches Aroma. Blätter und Blüten kannst du für Salat, Gemüse, Getränke, Gelees und Tees verwenden, Blütenknospen kannst du wie Kapern einlegen.

FRÜHLINGSKRÄUTER-OXYMEL

Oxymel ist ein uraltes Heil- und Würzmittel, das sehr gesundheitsförderlich ist und in den letzten Jahren sein großes Comeback feierte. Übersetzt bedeutet Oxymel »Sauerhonig«, von den griechischen Wörtern »oxy« (sauer) und »meli« (Honig). Oxymel besteht aus Honig, Essig und Kräutern. Je nach Jahreszeit und Heilwirkung können unterschiedliche Kräuter wie Salbei, Thymian, Kamille oder auch Früchte wie Heidelbeeren oder Hagebutten verwendet werden.

ZUBEREITUNG: 15 Minuten
ZIEHZEIT: 4 Wochen

FÜR 1 GLAS (CA. 200 ML)

50 g (1 Teil) naturbelassener
  (unpasteurisierter) Apfelessig
150 g (3 Teile) flüssiger Honig
50 g (1 Teil) Kräuter, z. B. Bärlauchblätter, Giersch, Löwenzahnblätter
  und -blüten, Gänseblümchen,
  Veilchen, Spitzwegerichblätter,
  Gundermann, auch Gundelrebe
  genannt (Blätter und Blüten),
  Scharbockskraut (nur Blätter, keine
  Blüten!)

Außerdem
1 steriles Bügel- oder Schraubglas

1. Essig und Honig ins Glas geben und verrühren. Die Kräuter vorsichtig ausschütteln, um sie von Insekten und Staub zu befreien. Die Blätter grob zerkleinern, die Blüten nach Belieben ganz lassen und zur Honig-Essig-Mischung geben. Alles gut vermischen, nach Belieben das Gemisch mit einem Pürierstab pürieren.

2. Das Glas verschließen und nochmals gut durchschütteln. Vier Wochen im Dunkeln stehen lassen und dabei einmal täglich schütteln. Anschließend durch ein feinmaschiges Sieb abseihen. Dunkel und kühl gelagert hält das Oxymel ca. 6 Monate.

Der Sauerhonig kann kurmäßig, mit Wasser verdünnt, ein bis zwei Wochen lang morgens auf nüchternen Magen getrunken werden. Dazu 1–2 EL Oxymel mit Wasser mischen. Er eignet sich zudem zum Würzen von Dressings, Dips oder Smoothies.

Kräuter im Bild, beginnend links unten im Uhrzeigersinn: Brennnessel, Scharbockskraut (gelbe Blüte), Gundermann (lila Blüte), Spitzwegerichblätter, Löwenzahnblätter und -blüte, Veilchen, Gänseblümchen, Giersch, Bärlauch

ROTKLEESIRUP

Die tolle Farbe des Rotklees kannst du dir ganz einfach konservieren. Denn aus den Wiesenkleeblüten kannst du dir mit wenigen Zutaten einen feinen Sirup herstellen. Mit Wasser verdünnt ist der Rotkleesirup ein wunderbarer sommerlicher Durstlöscher.

ZUBEREITUNG: 30 Minuten
ZIEHZEIT: über Nacht

FÜR CA. 800 ML

2 gehäufte Handvoll Rotkleeblüten
1 Bio-Zitrone
300 g Zucker
8 g Zitronensäure

Außerdem
sterile Flaschen

1. Die Blüten vorsichtig ausschütteln und von den Stielen befreien. Die Zitrone heiß abspülen und in Scheiben schneiden.

2. In einem Topf die Blütenköpfe, Zitronenscheiben und 500 ml Wasser aufkochen. Etwa 10 Minuten köcheln lassen, vom Herd nehmen und zugedeckt über Nacht ziehen lassen.

3. Am nächsten Tag abseihen, Zitronensäure und Zucker zufügen und je nach gewünschter Konsistenz einkochen. In saubere Flaschen abfüllen und dunkel lagern.

Die Blüten nicht waschen, das verwässert den Geschmack! Einfach vorsichtig ausschütteln und so von Insekten befreien.

Mit Zucker wird der Sirup haltbar – je mehr Zucker, desto länger ist er haltbar. Zitronensäure sorgt zusätzlich für eine längere Haltbarkeit und einen erfrischenden Geschmack.

PALMBUSCHEN

Die Osterwoche beginnt traditionell mit bunt geschmückten Palmbuschen am Palmsonntag. Die Gebinde sind ein Brauch zu Ostern, die an den Einzug von Jesus in die Stadt Jerusalem erinnern. Die Bewohner schnitten Palmwedel und Ölzweige von den Bäumen, um Jesus zu begrüßen. In der Prozession am Palmsonntag, bei der Kinder und auch Erwachsene die Palmbuschen tragen, und der anschließenden Palmweihe wird daran gedacht.

Das Binden des Palmbuschens (mancherorts Palmboschen, Palmstange, Palmlatte oder Palmbesen genannt) ist mit allerlei Symbolik behaftet. Traditionell soll der Palmbuschen aus sieben unterschiedlichen Pflanzen gebunden werden. Die Anzahl und die Bestandteile variieren je nach Region.

Palmen galten bereits im Altertum als heilige Bäume und als Sinnbild des Lebens und des Sieges. Echte Palmen gibt es im Alpenraum nicht, als Ersatz werden Palmkätzchen, die Zweige der Weiden, verwendet. Außerdem finden sich regelmäßig die Zweige des Buchsbaums im Palmbuschen. Weitere Pflanzen sind Ölzweig, Efeu, Stechpalme, Eibe, Wacholder, Thuja sowie dürres Eichenlaub. Alle Pflanzen sind mit Motiven des ewigen Lebens und der Erneuerung verknüpft.

Die geweihten Palmbuschen und -stangen werden aufbewahrt und sollen die Familie das ganze Jahr über vor Unheil bewahren. Die Buschen werden dazu in Felder und Wiesen gesteckt oder in den Ställen angebracht, um Schutz, Segen und Fruchtbarkeit zu bringen. In alten Bauernhäusern lagern sie oft im Herrgottswinkel oder am Dachboden bis zum nächsten Aschermittwoch. Dann werden die Buschen verbrannt.

Palmbuschen binden – so geht's

Je nachdem, für welche Pflanzen du dich entscheidest, kannst du sie im eigenen Garten, beim Floristen oder im Gartenfachhandel besorgen. In der Natur bitte sorgsam pflücken und nur solche Pflanzen verwenden, die du auch zu 100 Prozent richtig bestimmen kannst.

Für die Palmstange zuerst die Ästchen der Palmkätzchen mit der Gartenschere in kleinere Zweige zerteilen und rund um einen Stock (traditionell wird ein Haselnussstecken verwendet) anordnen. Dann die immergrünen Zweige wie Buchsbaum rundherum anlegen. Alles mit einem Draht umwickeln und fixieren (ganz traditionell wird statt Draht ein gespaltener Weidenzweig verwendet). Den Draht mit grünem Krepp- oder Floristenband umwickeln, um ihn zu verstecken. Anschließend mit bunten Bändern oder Krepppapier sowie süßen Palmbrezen schmücken. In manchen Regionen werden die Palmbuschen auch mit Äpfeln und bemalten Eiern verziert.

Palmbrezen

Brezeln wurden früher in der Regel nur als Fastenspeise gebacken. Die Form stellt vermutlich das Symbol für einen ins Gebet versunkenen Menschen dar, der die Arme vor der Brust gekreuzt hält (»Brezel« leitet sich vom lateinischen »bracchium« ab, was »Arm« bedeutet). Die Palmbrezen für den Palmbuschen werden aus einem süßen Hefeteig gebacken und nach der Prozession mit Familie und Freunden geteilt.

ZUBEREITUNG: 45 Minuten
BACKZEIT: 20 Minuten

Für 32 Stück

450 g helles Dinkelmehl (Type 630)	1 Prise Salz
125 ml kalte Milch	200 g zimmerwarme Butter
1 Ei (Gr. M)	
1 Eigelb	*Außerdem*
20 g frische Hefe	Mehl zum Arbeiten
50 g Zucker	1 verquirltes Ei zum Bestreichen

1. Für die Palmbrezen einen kalten Hefeteig zubereiten. Dazu das Mehl in eine Schüssel sieben und in die Mitte eine Mulde drücken. Die kalte Milch mit dem Ei und Eigelb verquirlen und in die Mitte gießen. Die Hefe dazubröseln. Zucker, Salz und Butter zufügen und mit den Händen oder einem Handrührgerät mit Knethaken zu einem geschmeidigen Teig verarbeiten. Den Teig nicht ruhen lassen, sondern sofort weiterverarbeiten!
2. Den Backofen auf 160 °C (Umluft) vorheizen (s. Tipp Seite 60). Den Teig in vier gleich große Stücke teilen und diese jeweils achteln. Die Achtel zuerst zu Kugeln formen und anschließend zu einem ca. 30 cm langen dünnen Strang rollen. Dabei darauf achten, dass die Mitte dicker bleibt und der Strang zu den Enden hin dünner wird. Nun Brezeln formen und auf ein mit Backpapier belegtes Blech legen. Dort die Brezeln mit dem verquirlten Ei bestreichen und im Backofen auf der mittleren Schiene 18–20 Minuten goldbraun backen. Herausnehmen und abkühlen lassen.
3. Die ausgekühlten Brezeln auf Bänder fädeln und auf den Palmbuschen hängen.

GERSTENSALAT MIT GRÜNEM SPARGEL UND ERDBEEREN

Spargel und Erdbeeren sind die perfekte Frühlingsliaison. In Kombination mit Gerstengraupen und frischer Minze wird daraus ein erfrischender Salat. Wer mag, kann ihn auch noch mit klein gewürfeltem Feta verfeinern.

ZUBEREITUNG: 35 Minuten

FÜR 4 PERSONEN

300 g Rollgerste (Gerstengraupen)
Salz
500 g grüner Spargel
6 EL Olivenöl
Pfeffer
4 EL naturtrüber Apfelessig
1-2 EL Honig oder Löwenzahnhonig
  (s. Seite 16)
1½ TL mittelscharfer Senf
5 Zweige frische Minze
300 g Erdbeeren

1. Die Rollgerste in ein Sieb geben und mit kaltem Wasser abspülen. In einem Topf mit 800 ml leicht gesalzenem Wasser zugedeckt bei kleiner Hitze 25 Minuten bissfest köcheln lassen. Vom Herd nehmen, 5 Minuten ausquellen lassen und ggf. restliches Wasser abgießen.

2. Das untere Drittel des Spargels schälen und die Stangen schräg in Stücke schneiden. 2 EL Öl in einer Pfanne erhitzen und die Spargelstücke rundherum 5–8 Minuten bissfest anbraten. Mit Salz und Pfeffer würzen.

3. Das restliche Öl mit Apfelessig, Honig, Senf und etwas Salz und Pfeffer verquirlen. Die Minze waschen, trocken schütteln, die Blätter abzupfen und in dünne Streifen schneiden. Die Erdbeeren waschen, trocken tupfen, vom Grün befreien und ja nach Größe vierteln oder achteln.

4. Die Rollgerste mit dem Spargel, der Minze und dem Dressing mischen. Die Erdbeeren vorsichtig unterheben und den Salat servieren.

Gerste ist eines der ältesten Getreide der Welt. Ein Großteil wird als Malz zum Brauen von Bier und Whiskey eingesetzt. In der Küche spielt Gerste in Form von Graupen eine Rolle. Die geschälten, geschliffenen und polierten Körner sind besonders bekömmlich und werden traditionell in Suppen und Eintöpfen verwendet, aber auch als Gerstenrisotto macht das heimische Getreide eine gute Figur.

RADIESERL – FROM LEAF TO ROOT

Vom Blatt bis zur Wurzel (engl. »leaf to root«) ist eine Kochphilosophie,
die für die komplette Verwertung der genießbaren Teile von Gemüse und Obst steht.
Der Trend ist ein guter Ansatz, um gegen Lebensmittelverschwendung vorzugehen.
Grundsätzlich sollten vorher alle Bestandteile der Pflanzen gründlich gereinigt werden.
Achte auf unbehandelte bzw. Bio-Produkte, um Pestizidrückstände zu vermeiden.
In diesem Rezept verfeinern die Radieschenblätter das Knäckebrot und sind
eine prima Beilage zu den schnellen Radieserl-Pickles.

ZUBEREITUNG: 15 Minuten
BACKZEIT: 50 Minuten

FÜR 4 PERSONEN

Für das Knäckebrot

1 Bund Radieschen mit Grün
60 g Haferflocken
je 50 g Sesamsamen, Leinsamen,
Kürbiskerne, Sonnenblumenkerne
150 g helles Dinkelmehl (Type 630)
1 TL Salz
1 TL Backpulver
50 ml Rapsöl

Für die Pickles

2 EL Apfelessig
1 TL Honig
Salz, z. B. Wald-und-Wiesen-Salz
   (Rezept Seite 14)
Pfeffer
Frischkäse zum Servieren

1. Den Backofen auf 170 °C (Ober-/Unterhitze) vorheizen (s. Tipp Seite 60). Zwei Backbleche mit Backpapier belegen.

2. Die Radieschen vom Grün befreien, welke Blätter aussortieren und alles gründlich waschen. Die Radieschen beiseitelegen, das Grün trocken schütteln und grob hacken.

3. Für das Knäckebrot alle Zutaten mit 200 ml Wasser und dem Radieschengrün in einer Schüssel mischen. Die Masse in zwei Portionen teilen und auf jeweils ein Backpapier geben. Dünn ausstreichen. Im Backofen 10 Minuten backen. Mit einem Pizzaroller in Stück schneiden (später lässt sich das Knäckebrot nicht mehr schneiden, sondern nur noch brechen) und weitere 40 Minuten backen, bis sie knusprig sind. Zwischendurch die Bleche tauschen. Herausnehmen und auf dem Blech abkühlen lassen.

4. Die Radieschen in ca. 2 mm dünne Scheiben schneiden. Mit Apfelessig und Honig vermischen und mit Salz und Pfeffer würzen.

5. Zum Servieren das Knäckebrot mit Frischkäse bestreichen und mit Radieschen-Pickles belegen.

Damit das Knäckebrot schön knusprig bleibt, solltest du es unbedingt luftdicht verpacken. Sonst zieht es schnell Feuchtigkeit und wird weich.

CREMIGE KAROTTENSUPPE
MIT KAROTTENGRÜN-PESTO

ZUBEREITUNG: 35 Minuten

FÜR 2 PERSONEN

1 Bund Karotten mit Grün
1 Zwiebel
1 Knoblauchzehe
3 EL Olivenöl
600 ml Gemüsebrühe
150 g Crème fraîche

Für das Pesto
60 g Sonnenblumenkerne
50–80 ml Olivenöl
Salz
Pfeffer

1. Die Karotten waschen, das Grün entfernen und beiseitelegen. Die Karotten waschen, bei Bedarf schälen und grob klein schneiden.

2. Zwiebel und Knoblauchzehe schälen und fein hacken. Das Öl in einem Topf erhitzen und Zwiebel und Knoblauch anschwitzen. Die Karotten zugeben und die Brühe aufgießen. Zugedeckt ca. 20 Minuten köcheln lassen, bis die Karotten weich sind.

3. Inzwischen für das Pesto die Sonnenblumenkerne in einer Pfanne ohne Fett rösten. 2 EL Sonnenblumenkerne für die Dekoration beiseitelegen. Das Karottengrün waschen, trocken schütteln und grob hacken. Beides in einen Mixer oder eine Küchenmaschine geben. Das Öl in einem dünnen Strahl dazugießen und mixen, bis die gewünschte Konsistenz erreicht ist. Mit Salz und Pfeffer würzen.

4. Die Crème fraîche zur Suppe geben (etwas für die Garnitur zurückbehalten) und alles mit dem Stabmixer pürieren. Mit Salz und Pfeffer abschmecken. Die Suppe mit dem Karottengrün-Pesto, einem Klecks Crème fraîche und Sonnenblumenkernen servieren.

Das grüne Kraut der Karotten ist mindestens genauso gesund wie das orangefarbene Wurzelgemüse und lässt sich auch vielseitig verwenden. Karottengrün hat einen würzigen Geschmack, der ein wenig an Petersilie erinnert, und verfeinert daher wie andere Kräuter Suppen, Salate, Dips oder Gemüsegerichte. Gegart kann es wie Gemüse eingesetzt werden.
    Übrigens sind auch die jungen Blätter von Radieschen (s. Rezept Seite 27), Kohlrabi, Fenchel oder Rohnen viel zu schade zum Wegwerfen und schmecken wunderbar.

BÄRLAUCH-KASPRESSKNÖDEL AUF BLATTSALAT

Kaspressknödel sind flach gedrückte – also gepresste – Knödel mit Käse,
die in der Pfanne angebraten werden. Das Grundrezept ist meist ähnlich,
es gibt aber auch Varianten mit zusätzlich gekochten Erdäpfeln. Regionale Käsesorten
spielen eine wichtige Rolle, in Tirol wird oft Graukäse verwendet.
Serviert werden sie klassisch mit Salat oder in der Suppe.

ZUBEREITUNG: 50 Minuten

FÜR 4 PERSONEN

50 g frische Bärlauchblätter
1 Zwiebel
1 EL Butter
250 g Knödelbrot oder Semmelwürfel
250 g geriebener würziger Bergkäse
200 ml lauwarme Milch
3 Eier (Gr. M)
Salz, Pfeffer
frisch geriebene Muskatnuss

Für den Salat

300 g gemischte Blattsalate (Batavia,
    Endivie, Vogerlsalat, Rucola,
    Babyspinat)
4 Radieschen
1 Schalotte
1½ EL Apfelessig
1 TL scharfer Senf
3 EL Olivenöl
Salz, Pfeffer

Außerdem

Butterschmalz zum Braten
essbare Blüten wie Gänseblümchen,
    nach Belieben

1. Den Bärlauch waschen, trocken tupfen und klein schneiden. Die Zwiebel schälen und fein hacken. Die Butter in einer Pfanne schmelzen und die Zwiebel glasig anschwitzen.

2. Das Knödelbrot in eine Schüssel geben. Milch und Eier verquirlen und Zwiebel und Bärlauch untermischen. Mit Salz, Pfeffer und Muskat abschmecken. Die Masse gut verkneten und 30 Minuten zugedeckt ruhen lassen. Mit nassen Händen 12 Knödel formen und diese flach drücken.

3. Butterschmalz in einer Pfanne erhitzen. Die Pressknödel ins heiße Fett geben und 4–5 Minuten braten. Wenden und in 4–5 Minuten fertig backen, bis sie goldbraun sind. Auf einem Küchenpapier abtropfen lassen.

4. Die Salate putzen und gründlich waschen. Anschließend gut abtropfen lassen oder trocken schleudern. In mundgerechte Stücke zupfen.

5. Die Radieschen waschen, putzen und in Scheiben schneiden. Salat und Radieschen in eine Schüssel geben Die Schalotte schälen und fein hacken. Mit Essig, Senf, Öl, Salz und Pfeffer gründlich verquirlen. Die Vinaigrette zum Salat geben und gut unterheben.

6. Den Salat auf Teller verteilen und die Knödel daraufgeben. Nach Belieben mit Gänseblümchen dekorieren und sofort servieren.

Kaspressknödel kann man gut auf Vorrat machen und portionsweise einfrieren.
    Anstatt Bärlauch schmecken auch frischer Blattspinat oder Mangold.

SCHLUTZKRAPFEN MIT SPINAT

**Die Schlutzkrapfen, auch Schlutzer oder Schlipfkrapfen genannt, sind ein Highlight
der Tiroler und Südtiroler Küche. Für die Füllung gibt es unterschiedliche Varianten.
Wir haben uns für einen Klassiker mit Spinat und Topfen entschieden
und servieren die Nudelspezialität mit brauner Butter
und frischem Schnittlauch.**

ZUBEREITUNG: 90 Minuten
RUHEZEIT: 30 Minuten

FÜR 4 PERSONEN

Für den Nudelteig
200 g Weizenmehl
100 g Roggenmehl
1 Ei (Gr. M)
1 EL Öl
½ TL Salz

Für die Füllung
150 g Blattspinat (TK)
1 kleine Zwiebel
1 Knoblauchzehe
1 EL Butter
200 g Magertopfen
20 g geriebener Hartkäse
Salz, Pfeffer
frisch geriebene Muskatnuss

Zum Servieren
1 Bund Schnittlauch
150 g Butter

1. Die Mehlsorten mischen und auf die Arbeitsfläche häufen. In die Mitte eine Mulde drücken und Ei, Öl, Salz und 100 ml Wasser zufügen. Von innen nach außen zu einem glatten, geschmeidigen Teig verkneten. Bei Bedarf noch etwas Wasser zufügen. Zu einer Kugel formen und abgedeckt 30 Minuten ruhen lassen.

2. Für die Füllung den Spinat auftauen lassen, gut ausdrücken und anschließend fein hacken. Zwiebel und Knoblauchzehe schälen und fein hacken. Die Butter in einer Pfanne erhitzen und Zwiebel und Knoblauch anschwitzen. Spinat, Magertopfen, Käse und Zwiebelmischung gut verrühren. Mit Salz, Pfeffer und Muskat abschmecken.

3. Den Teig auf einer bemehlten Arbeitsfläche mit einem Nudelholz dünn ausrollen. Mit einer runden Form (ø ca. 10 cm) Kreise ausstechen und jeweils 1 TL Füllung auf eine Hälfte geben. Die Ränder mit Wasser bestreichen und die Krapfen zu einem Halbmond falten. Mithilfe des Gabelrückens den Rand gut andrücken oder mit dem »Krapfenradl abradeln« (s. Rezeptbild). So bleiben die Schlutz-krapfen beim Kochen geschlossen. Auf ein bemehltes Brett legen. Den Schnittlauch waschen, trocken schütteln und in Röllchen schneiden.

4. In einem großen Topf reichlich Salzwasser zum Kochen bringen und die Schlutzkrapfen portionsweise bei kleiner Hitze 3–4 Minuten gar ziehen lassen. Inzwischen die Butter in einem kleinen Topf langsam schmelzen und leicht bräunen lassen. Die Schlutzkrapfen aus dem Wasser nehmen, abtropfen lassen und mit brauner Butter und mit Schnittlauch bestreut servieren.

KASSPATZEN MIT BRENNNESSELSPITZEN

Ob sie nun Käsespätzle, Käsenockerl, Kasnocken oder Kasspatzen heißen: Auf den Almen sind sie nicht wegzudenken. Wir verfeinern die beliebten Spätzle mit jungen Brennnesseltrieben, die wie Blattspinat verwendet werden können. Mit selbst gemachten knusprigen Röstzwiebeln schmecken die Kasspatzen besonders gut.

ZUBEREITUNG: 45 Minuten

FÜR 4 PERSONEN

100 g junge Brennnesseltriebe
400 g griffiges Mehl (Spätzlemehl)
1 TL Salz
4 Eier (Gr. M)
100 ml Mineralwasser
2 große Zwiebeln
1 Bund Schnittlauch
2 EL Butterschmalz
1 TL Paprikapulver edelsüß
300 g geriebener würziger Käse, z. B.
    Gouda, Emmentaler oder Bergkäse
Pfeffer

Außerdem
ofenfeste Form

1. Die Brennnesseln gründlich waschen (Handschuhe verwenden!). In kochendem Salzwasser ca. 2 Minuten blanchieren, in ein Sieb abgießen, gut abtropfen lassen und dann fein hacken oder pürieren.

2. Für den Spätzleteig das Mehl mit Salz, Eiern, Brennnesselpüree und Mineralwasser in einer Schüssel zu einem glatten, zähflüssigen Teig verrühren. Den Teig mit einem Kochlöffel so lange schlagen, bis er Blasen bildet. 5 Minuten ruhen lassen.

3. Die Zwiebeln schälen und in feine Ringe schneiden. Das Butterschmalz in einer beschichteten Pfanne erhitzen und die Zwiebelringe mit Paprikapulver darin bei mittlerer Hitze goldbraun braten. Auf Küchenpapier abtropfen lassen.

4. Den Backofen auf 180 °C (Umluft) vorheizen und eine ofenfeste Form hineinstellen. In einem großen Topf reichlich Salzwasser zum Kochen bringen. Den Teig mit Spätzlepresse oder -hobel in das kochende Wasser drücken. Sobald die Spätzle an der Oberfläche schwimmen, mit einem Schaumlöffel abschöpfen. In die vorgewärmte Form füllen, nach jeder Portion etwas Käse darüberstreuen. Diesen Vorgang wiederholen, bis der Spätzleteig aufgebraucht ist. Die Spätzle mit zwei Gabeln kurz vermischen, sodass der Käse Fäden zieht.

5. Die Käsespätzle auf Teller verteilen, mit Pfeffer würzen und mit Röstzwiebeln bestreut servieren.

Brennnesseln gelten als Unkraut, dabei ist das grüne Wildkraut eine wertvolle Heilpflanze, die auch Suppen, Smoothies oder Pestos verfeinert. Von März bis Mai – direkt nach dem Austrieb – ist die beste Zeit, um frische, zarte Brennnesseln zu pflücken. Am liebsten wächst die Brennnessel auf feuchten Wiesen sowie an Wald- und Wegrändern.
    Die Brennnesseln am besten mit Gartenhandschuhen und -schere sammeln, da die feinen Härchen Juckreiz verursachen können. Zur Verwendung in der Küche die oberen jungen Triebspitzen mit etwa vier Blättern ernten. Durch das Blanchieren werden die Brennhaare zerstört.

GRIESSFLAMMERI
MIT RHABARBER-ERDBEER-KOMPOTT

Rhabarber ist einer der ersten Frühlingsboten und ein typisches Saisongemüse.
Oft fälschlicherweise für Obst gehalten, hat Rhabarber einen fruchtig-säuerlichen
Geschmack. Die rotfleischigen Sorten sind etwas milder im Geschmack.
In Kombination mit Erdbeeren zu einem Kompott verarbeitet,
schmeckt er wunderbar zu Omas gebackenem Grießflammeri.
Das weckt Kindheitserinnerungen!

ZUBEREITUNG: 30 Minuten
BACKZEIT: 15 Minuten

FÜR 4 PERSONEN

500 ml Milch
40 g Zucker
Salz
80 g Dinkelgrieß
1 Ei (Gr. M)
etwas Abrieb von 1 Bio-Zitrone

Für das Kompott
500 g Rhabarber
3 EL Zucker
Mark von ½ Vanilleschote
300 g Erdbeeren

Außerdem
4 Auflaufförmchen
Butter für die Förmchen

1. In einem Topf die Milch mit Zucker und 1 Prise Salz aufkochen. Den Grieß einrühren, einmal aufkochen und vom Herd nehmen. Ausquellen und anschließend abkühlen lassen.

2. Das Ei trennen. Das Eiweiß mit 1 Prise Salz zu Eischnee schlagen. Das Eigelb mit dem Grieß und Zitronenabrieb verrühren. Den Eischnee unterheben.

3. Die Förmchen mit Butter ausstreichen und die Masse einfüllen. Im Backofen auf der mittleren Schiene bei 160 °C (Umluft) 15–18 Minuten backen. Abkühlen lassen und aus der Form stürzen.

4. Inzwischen den Rhabarber putzen, waschen und klein würfeln. Mit Zucker, Vanillemark und 3 EL Wasser in einen Topf geben. Aufkochen und bei kleiner Hitze ca. 10 Minuten zugedeckt köcheln lassen. Zwischendurch umrühren.

5. Die Erdbeeren waschen, putzen und vier schöne Früchte für die Deko beiseitelegen. Je nach Größe halbieren oder vierteln. Das Rhabarberkompott vom Herd nehmen, die Erdbeeren unterrühren und abkühlen lassen.

6. Das Grießflammeri mit Erdbeer-Rhabarber-Kompott servieren. Die vier Erdbeeren halbieren und das Grießflammeri dekorieren.

HOLLERKIACHL

**Im Mai beginnt die Saison für Hollerblüten. Jetzt ist die Zeit für Hollerkiachl,
also Holunderküchlein. Für die traditionelle Süßspeise aus Bayern werden
die essbaren Dolden in Backteig getaucht und ausgebacken.**

 ZUBEREITUNG: 40 Minuten

 FÜR 14 STÜCK

14 große Holunderblütendolden
   mit ca. 10 cm Stängel
2 Eier (Gr. M)
220 ml Milch
   (alternativ Bier oder Weißwein)
250 g Weizenmehl
1 Prise Salz

Außerdem
Öl zum Frittieren
Staubzucker zum Bestäuben

1. Die Holunderblüten vorsichtig ausschütteln, um sie von Insekten zu befreien (möglichst nicht waschen).

2. Für den Backteig die Eier mit der Flüssigkeit verquirlen. Das Mehl dazusieben und mit dem Salz zu einem dickflüssigen Teig verrühren.

3. In einem großen Topf ausreichend Öl erhitzen. Wenn sich am Stiel eines Holzlöffels kleine Bläschen bilden, ist es heiß genug. Die Dolden am Stiel festhalten und durch den Teig ziehen, etwas abtropfen lassen und im heißen Öl goldbraun backen. Mit einem Schaumlöffel herausholen und auf Küchenpapier abtropfen lassen. Die Stängel nach Belieben mit der Schere abschneiden (nicht essen!). Mit Staubzucker bestreuen und noch warm servieren.

Die Holunderblüten am besten vormittags pflücken, da sind sie am aromatischsten. Achte beim Sammeln darauf, dass der Stiel lang ist. Das erleichtert das Eintauchen der Dolden in den Backteig.

Holundersträucher wachsen fast überall, auch in Städten. Früher stand der Holunder an jedem Haus oder Hof, da er im Volksglauben eine große Bedeutung als Schutzbaum hatte.

ERDBEER-BISKUITROULADE

Die Biskuitrolle ist ein echter Klassiker und einfach unwiderstehlich. Der flaumige Biskuitteig lässt sich schnell und unkompliziert zubereiten. Und wenn es besonders schnell gehen soll, kannst du einfach den Biskuit mit Marillen- oder Erdbeermarmelade bestreichen, aufrollen und genießen.

ZUBEREITUNG: 35 Minuten
BACKZEIT: 10 Minuten
KÜHLZEIT: 60 Minuten

FÜR 12 STÜCKE (1 ROLLE)

Für den Biskuit
5 Eier
80 g Zucker
Abrieb von ½ Bio-Zitrone
80 g helles Dinkelmehl (Type 630)

Für die Füllung
350 g Erdbeeren
3 EL Honig
100 g Magertopfen
150 ml Schlagrahm

Außerdem
Zucker
Staubzucker zum Bestäuben

1. Den Backofen auf 200 °C (Ober-/Unterhitze) vorheizen (hier ist das Vorheizen sehr wichtig!). Ein Backblech mit Backpapier auslegen. Für den Biskuit die Eier mit Zucker und Zitronenabrieb 4–5 Minuten schaumig rühren, bis die Masse weißlich ist. Das Mehl portionsweise dazusieben und vorsichtig unterrühren. Die Masse auf dem Backpapier verstreichen und im Backofen auf der mittleren Schiene 10 Minuten backen.

2. Ein frisches Backpapier bereitlegen und mit etwas Zucker bestreuen. Den Biskuit aus dem Ofen nehmen, auf das Backpapier stürzen und ca. 3 Minuten abkühlen lassen. Das mitgebackene Backpapier abziehen und den Biskuit von der Längsseite her locker einrollen. Ins frische Backpapier einwickeln und auskühlen lassen.

3. Inzwischen für die Füllung die Erdbeeren waschen und putzen. Fünf Erdbeeren für die Deko in dünne Scheiben schneiden und beiseitelegen. 80 g Erdbeeren grob zerkleinern und mit 1 EL Honig pürieren. Die restlichen Erdbeeren klein würfeln. Den Schlagrahm steif schlagen. Den Magertopfen mit dem restlichen Honig und dem Erdbeerpüree verrühren. Den Schlagrahm und die Erdbeerwürfel vorsichtig in zwei Portionen unterheben.

4. Den Biskuit ausrollen und bis knapp an den Rand mit der Creme bestreichen. Die Roulade wieder eng einrollen und in ein Küchentuch eingewickelt 1 Stunde kühl stellen. Zum Servieren die Rolle mit Staubzucker bestäuben und mit den Erdbeerscheiben dekorieren.

Für eine schokoladige Roulade 2 EL Mehl durch 2 EL Kakaopulver ersetzen.

Kannst hier nur auf der Erde decken,
Hier unterm Apfelbaum;
Da pflegt es abends gut zu schmecken,
Und ist am besten Raum.

AUSZUG AUS »ABENDLIED EINES BAUERMANNS«,
MATTHIAS CLAUDIUS (1740–1815)

SOMMER

Saftige Marillen und sonnengereifte Beeren wie Erdbeeren, Himbeeren und
Ribisel haben Hochsaison. Die heißen Tage laden dazu ein, die Kaffeetafel nach
draußen zu verlegen. Wir servieren eine knusprige Marillen-Galette mit Mandeln
(S. 69) direkt auf der schattigen Wiese vor dem Bauernhaus. Zur kühlen Erfrischung
gibt es ein spritziges Himbeer-Minz-Soda (S. 70).
Was gibt es Schöneres, als den Sommertag gemeinsam mit Freunden zu genießen?

DILLGURKEN

Einmachen hilft, umweltschonend Lebensmittel länger haltbar zu machen –
egal ob die Ernte aus dem eigenen Garten oder das saisonale Angebot vom Markt.
Mit einem heißen Sud aus Essig, Zucker, Salz und Gewürzen wird das Gemüse
ganz einfach konserviert. Neben Gurken eignen sich z. B. auch Karfiol, Paprika,
Zucchini, Karotten, Radieschen, Fisolen oder Kürbis. Das sauer eingelegte Gemüse
kann auch je nach Vorliebe mit Kräutern, Gewürzen oder Chili verfeinert werden.

ZUBEREITUNG: 45 Minuten

FÜR 2 GLÄSER À 500 ML

600 g Einlegegurken
1 Bund Dill, nach Belieben mit
   Dolden
2 EL gelbe Senfkörner
2 TL schwarze Pfefferkörner
250 ml Weißweinessig
1 TL Meersalz
50 g Zucker

1. Die Gurken putzen, waschen und je nach Größe längs in Viertel oder in dicke Scheiben schneiden. Den Dill waschen und trocken schütteln. Die Gurken mit Dill und Dolden in zwei sterile Einmachgläser geben. Die Senf- und Pfefferkörner darüber verteilen.

2. Essig, Salz, Zucker und 250 ml Wasser in einen Topf geben und aufkochen. Den Sud über die Gurken gießen, die Flüssigkeit sollte ca. 1 cm hoch über den Gurken stehen. Die Gläser sofort fest verschließen, abkühlen und ca. 4 Wochen durchziehen lassen.

Kühl und dunkel gelagert sind die Dillgurken einige Wochen haltbar. Geöffnete Gläser im Kühlschrank aufbewahren. Für eine längere Haltbarkeit die Gläser nebeneinander in einen großen Topf stellen und Wasser bis 2 cm unter den Rand zwischen die Gläser gießen. Das Wasser zum Sieden bringen und die Dillgurken 30 Minuten bei 90 °C einkochen.

GARTEN-FOCACCIA

Die Focaccia ist ein fluffiges Fladenbrot, das nach Belieben mit buntem Gemüse, Kräutern und essbaren Blüten belegt wird. Auch Wildkräuter wie Bärlauch, Brennnesselblätter, Löwenzahn, Gänseblümchen oder Giersch eignen sich wunderbar. Somit wird sie nicht nur kulinarisch, sondern auch optisch ein Highlight.

ZUBEREITUNG: 30 Minuten
GEHZEIT: 2 Stunden
BACKZEIT: 25 Minuten

FÜR 1 BLECH

Für den Teig
600 g helles Dinkelmehl (Type 630)
1 TL Salz
21 g frische Hefe
1 EL Honig
50 ml Olivenöl plus 2 EL

Für den Belag
Kräuter wie Schnittlauch, Basilikum,
   Thymian, Salbei etc.
bunte Kirschtomaten und/oder
   Ochsenherztomate
1 Zwiebel
Oliven (entsteint)
essbare Blüten, wie Ringelblume,
   Cosmea, Kornblume, Borretsch

Außerdem
Mehl zum Arbeiten
Olivenöl

1. Für den Teig das Mehl in eine Schüssel geben und eine Mulde hineindrücken. Das Salz am Rand verteilen. Die Hefe in 300 ml lauwarmem Wasser auflösen, den Honig hinzufügen und gründlich verrühren.

2. Hefewasser und Olivenöl in die Mulde gießen und alles mit den Knethaken des Handrührgeräts zu einem glatten Teig verkneten. Eine Schüssel mit Olivenöl auspinseln, den Teig zu einer Kugel formen, hineingeben und zugedeckt ca. 90 Minuten gehen lassen.

3. Ein Backblech einfetten oder mit Backpapier auslegen.

4. Für den Belag die Kräuter waschen und trocken schütteln. Die Tomaten waschen und nach Belieben halbieren oder in Scheiben schneiden. Die Zwiebel schälen und in Scheiben schneiden.

5. Den Teig auf einer bemehlten Arbeitsfläche kurz durchkneten und auf Blechgröße ausrollen. Auf das Backpapier geben und nochmals 30 Minuten gehen lassen.

6. Den Backofen auf 200 °C (Ober-/Unterhitze) vorheizen. Die Focaccia mit 2 EL Olivenöl einpinseln. Kräuter, Gemüse, Oliven und Blumen auf dem Teig zu einem Muster oder Bild anordnen. Im Backofen auf der unteren Schiene 20–25 Minuten backen.

KRÄUTERBUSCHEN

Wenn der Sommer im August seinen Höhepunkt erreicht, dann stehen die Blumen und Kräuter im Garten, auf Wiesen und im Feld in voller Pracht. Durch die Sommersonne enthalten die Pflanzen besonders viele wertvolle Inhaltsstoffe wie Aromastoffe und ätherische Öle. Jetzt beginnt die Zeit, Kräuter zu sammeln, diese zu Sträußen zu binden und für die kalte Jahreszeit zu trocknen.

Das Binden von Kräuterbuschen hat im Alpenraum eine alte Tradition, die in vielen Regionen gepflegt wird. Mit dem gesteigerten Bewusstsein der heilenden Wirkung von Wildkräutern und -blumen haben viele Menschen den Brauch in den letzten Jahren für sich wiederentdeckt.

Kräuterweihe zu Maria Himmelfahrt
Heilkräuter wurden bereits in vorchristlicher Zeit den Göttern als Dank für deren Schutz und Heilkraft geopfert. Das Ritual wurde auch bei den Kelten und Germanen zelebriert. Später wurde dieser Brauch im Zuge der Christianisierung von der Kirche übernommen und auf einen christlichen Feiertag gelegt.

Am 15. August, zu Mariä Himmelfahrt werden die Kräuterbuschen in der Kirche geweiht, anschließend wird der Strauß zum Trocknen aufgehängt. Die getrockneten Kräuter stehen im Winter als Heilpflanzen für Tees und Hausmittel zur Verfügung. Bei Unwetter und Stürmen werden einige der getrockneten Pflanzenteile im Feuer verbrannt, das soll vor Blitz und Unglück schützen. Im Winter wird ein Teil der getrockneten Kräuter zu den Raunächten geräuchert. Und ein Teil wird mit Heu vermischt und an die Kühe verfüttert, um diese vor Unheil zu schützen.

Kräuterbuschen binden — so geht's!
Für die Kräuterbuschen werden unterschiedliche Heilkräuter und -blumen zu einem duftenden Strauß gebunden. Wie viele Pflanzen in einen Buschen gehören und welche Kräuter verwendet werden, ist je nach Region und Brauchtum unterschiedlich.

Die Anzahl der Kräuter ist meist eine mystische oder symbolträchtige Zahl. Sie reicht von sieben (Anzahl der

Schöpfungstage), neun (oder andere durch drei teilbare Zahlen als Symbol für die Heilige Dreifaltigkeit), zwölf, 24 bis 99.

Verwenden kannst du, was dir wichtig ist oder dir für deine Gesundheit besonders wertvoll scheint. Denn jede Pflanze hat einen besonderen Duft, eine eigene Bedeutung und Heilwirkung. Die Kräuter findest du im eigenen Garten oder in der näheren Umgebung auf dem Feld oder der Wiese. Hier wachsen heimische Kräuter wie Wermut, Schafgarbe, Spitzwegerich, Salbei, Minze, Brennnessel, Goldrute, Johanniskraut, Thymian, Alant, Kamille oder Frauenmantel. Traditionell bildet meist die Königskerze die Mitte des Kräuterbuschen. Je nach Vorliebe kannst du natürlich auch einen anderen farbigen Akzent wie Malve, Kornblume oder Ringelblume in die Mitte geben.

Wenn du alle Kräuter gesammelt hast, kannst du mit dem Binden anfangen. Beginne mit der Königskerze, falls du eine verwenden möchtest. Rundherum werden die restlichen Kräuter der Größe nach drapiert und anschließend mit Naturbast oder einem Faden zusammengebunden.

Trockne das Kräuterbüschel kopfüber an einem luftigen, dunklen Ort ohne direkte Sonneneinstrahlung. So können die Kräuter schnell trocknen und Farben und Heilwirkung bleiben erhalten. Im Winter kannst du die getrockneten Kräuter zum Räuchern in den Raunächten (siehe S. 122) verwenden oder als Aufguss für Tees.

Sorgsam pflücken

Beachte bitte beim Sammeln der Pflanzen die Vorschriften zu Umwelt und Artenschutz. Keine geschützten und vom Aussterben bedrohten Pflanzen sammeln.

Um Verwechslungen mit ähnlichen, aber giftigen Pflanzen zu vermeiden, solltest du eine genaue Kenntnis über die Pflanzen haben. Pflücke daher nur Kräuter, die du eindeutig bestimmen kannst.

Und achte darauf, immer genügend Pflanzen stehen zu lassen und nur gesunde, einwandfreie Pflanzen zu sammeln, die du auch brauchst.

Niemals in Naturschutzgebieten und bei stark anhaltender Trockenheit sammeln.

MANGOLDQUICHE

ZUBEREITUNG: 20 Minuten
KÜHLZEIT: 30 Minuten
BACKZEIT: ca. 45 Minuten

FÜR 1 QUICHE (12 STÜCK)

Für den Mürbteig

250 g helles Dinkelmehl (Type 630)
1 TL Salz
125 g kalte Butter
1 Ei (Gr. M)

Für die Füllung

500 g Mangold (buntstielig,
   ersatzweise weiß)
1 Zwiebel
1 Knoblauchzehe
2 EL Rapsöl
Salz
Pfeffer
2 Eier
250 g Sauerrahm
80 ml Milch
150 g Bergkäse
frisch geriebene Muskatnuss
½ TL Paprikapulver, edelsüß

Außerdem

Springform (Ø 26 cm)
Öl zum Auspinseln
Mehl zum Arbeiten

1. Für den Teig Mehl und Salz mischen. Die Butter in Stücken und das Ei zugeben. Alles zu einem glatten Teig verkneten, bei Bedarf 2–3 EL kaltes Wasser zufügen. Zu einer Kugel formen und 30 Minuten kühl stellen.

2. Für die Füllung den Mangold waschen und putzen. Die Stiele am Blattansatz abschneiden und klein würfeln. Die Blätter in feine Streifen schneiden. Zwiebel und Knoblauchzehe schälen und fein hacken. Das Öl in einer Pfanne erhitzen und Zwiebel, Knoblauch und Mangoldstiele anschwitzen. Die Blätter und 6 EL Wasser zugeben. Bei mittlerer Hitze unter Rühren den Mangold zusammenfallen lassen, bis die Flüssigkeit verdampft ist. Vom Herd nehmen und mit Salz und Pfeffer würzen. Leicht abkühlen lassen.

3. Den Backofen auf 160 °C (Umluft) vorheizen (s. Tipp Seite 60). Die Form mit Öl auspinseln.

4. Den Teig auf einer bemehlten Arbeitsfläche ausrollen und in die Form legen. Dabei einen 3 cm hohen Rand formen. Den Boden mehrmals mit der Gabel einstechen, mit Backpapier belegen und mit Hülsenfrüchten beschweren. Im Backofen ca. 15 Minuten blindbacken. Anschließend aus dem Ofen nehmen, Backpapier und Hülsenfrüchte entfernen.

5. Inzwischen in einer Schüssel Eier, saure Sahne und Milch verquirlen. Den Käse reiben und untermischen. Mit Muskatnuss, Paprikapulver, Salz und Pfeffer abschmecken. Den Mangold mit der Eiermasse vermischen und auf dem Mürbeteig verteilen.

6. Im Backofen auf der mittleren Schiene 30–35 Minuten backen, bis die Eiermasse gestockt ist.

Quiche eignet sich optimal, um übrig gebliebenes Gemüse zu verwerten. Je nach Saison lässt sich der würzige Mangold durch Blattspinat, Chinakohl, Wirsing oder Grünkohl austauschen.

FLAMMKUCHEN MIT BUNTEN ZUCCHINI UND KÜRBISKERNEN

ZUBEREITUNG: 40 Minuten
RUHEZEIT: 30 Minuten
BACKZEIT: 15 Minuten

FÜR 4 STÜCK

Für den Teig
240 g helles Dinkelmehl (Type 630)
1 TL Salz
2 EL Olivenöl

Für den Belag
500 g Zucchini (gelb und grün)
1 rote Zwiebel
1 Knoblauchzehe
2 EL Olivenöl
½ TL getrockneter Oregano
Salz
Pfeffer
250 g Hüttenkäse
40 g Kürbiskerne

Außerdem
Mehl zum Arbeiten
ggf. Pizzastein
Basilikumblätter

1. Das Mehl mit Salz, Öl und 125 ml Wasser zu einem geschmeidigen Teig verkneten. Zugedeckt 30 Minuten ruhen lassen.

2. Die Zucchini waschen, putzen und mit dem Messer oder Sparschäler in 2–3 mm dicke Scheiben schneiden. Die Zwiebel schälen und in Ringe schneiden. Den Knoblauch schälen und fein hacken. In einer Schüssel Zucchini, Öl, Zwiebel, Knoblauch und Oregano vermischen. Mit Salz und Pfeffer würzen.

3. Den Backofen (und ggf. Pizzastein) auf 220 °C (Ober-/Unterhitze) vorheizen. Zwei Backbleche mit Backpapier auslegen.

4. Den Teig vierteln und auf einer bemehlten Arbeitsfläche mit dem Nudelholz zu einem Oval von etwa 22 cm Länge ausrollen. Dünn mit Hüttenkäse bestreichen und das Gemüse darauf verteilen. Mit den Kürbiskernen bestreuen.

5. Die Flammkuchen nacheinander im Backofen auf der unteren Schiene (bzw. dem Pizzastein) ca. 15 Minuten backen. Herausnehmen und sofort servieren, während der nächste Flammkuchen bäckt. Mit Basilikumblättern bestreut servieren.

Für Abwechslung sorgen dünn gehobelte Kohlrabi- oder Fenchelscheiben. Im Herbst schmeckt der Flammkuchen auch wunderbar mit dünnen Kürbisspalten oder in Scheiben geschnittenen Kohlsprossen.

KARFIOLPIZZA

Der Boden dieser Pizza besteht nicht klassisch aus Hefeteig, sondern aus geraspeltem Karfiol. Diese kreative Variante der Pizza kann nach Belieben mit verschiedenem Gemüse belegt werden und eignet sich somit auch prima für die Resteverwertung.

ZUBEREITUNG: 30 Minuten
BACKZEIT: 45 Minuten

FÜR 4 PIZZEN

Für den Boden
1 Karfiol (geputzt ca. 600 g)
50 g geriebener Bergkäse
2 Eier (Gr. M)
½ TL getrockneter Oregano
Salz
Pfeffer

Für den Belag
1 Handvoll Basilikumblätter
150 g bunte Kirschtomaten
1 kleine Melanzani
1 Kugel Mozzarella
  (Abtropfgewicht 125 g)

1. Den Backofen auf 180 °C (Ober-/Unterhitze) vorheizen. Zwei Backbleche mit Backpapier auslegen.

2. Den Karfiol putzen, waschen und in Röschen teilen. Die Röschen in einer Küchenmaschine fein mahlen oder alternativ mit einer Küchenreibe fein reiben. Den geriebenen Karfiol auf ein sauberes Küchentuch geben und die Flüssigkeit kräftig herausdrücken.

3. Den geriebenen Karfiol mit Käse und Eiern verrühren. Mit Oregano, Salz und Pfeffer würzen. Die Masse vierteln und je zwei runde Pizzen auf dem Backpapier gleichmäßig dünn ausstreichen. Im Backofen etwa 25–35 Minuten backen, bis der Rand kross wird und der Pizzaboden leicht gebräunt ist.

4. Inzwischen die Basilikumblätter waschen und trocken schütteln. Die Tomaten waschen und halbieren. Die Melanzani waschen und in dünne Scheiben schneiden. Den Mozzarella klein zupfen.

5. Die Böden aus dem Ofen nehmen und die Temperatur auf 230 °C erhöhen. Die Pizza mit den Tomaten und Melanzanischeiben belegen. Mit dem Mozzarella bestreuen und weitere 7–10 Minuten backen. Zum Servieren mit Basilikumblättchen bestreuen.

OFENTOMATEN MIT OLIVEN-THYMIAN-BRÖSELN

ZUBEREITUNG: 20 Minuten
BACKZEIT: 30 Minuten

FÜR 2 PERSONEN

2 große vollreife Fleischtomaten
Salz
Pfeffer
1 kleine Knoblauchzehe
6 schwarze Oliven (entkernt)
4 Thymianzweige
40 g Semmelbrösel
20 g geriebener Hartkäse
2 EL Olivenöl

Außerdem
ofenfeste Form

1. Den Backofen auf 200 °C (Ober-/Unterhitze) vorheizen (s. Tipp Seite 60).

2. Die Tomaten waschen und halbieren. Mit der Schnittfläche nach oben in eine ofenfeste Form geben. Mit Salz und Pfeffer würzen.

3. Die Knoblauchzehe schälen und fein hacken. Die Oliven klein hacken. Den Thymian waschen, trocken schütteln und die Blättchen abzupfen. In einer Schüssel Knoblauch, Thymian, Olivenöl, Semmelbrösel und Käse vermischen. Die Bröselmischung auf die Tomaten verteilen und leicht andrücken.

4. Auf der mittleren Schiene ca. 30 Minuten backen, bis die Haube schön knusprig ist.

Tomaten am besten zur Saison

Wie klimafreundlich eine Tomate ist, hängt stark davon ab, wann, wie und wo sie erzeugt wurde. Regionale Tomaten aus der Saison (Juli–September) verursachen am wenigsten Treibhausgase. Außerhalb ihrer Saison stammen heimische Tomaten meist aus Gewächshäusern, die aber aufgrund des Heizenergiebedarfs und der nötigen Beleuchtung echte Klimakiller sind. Die meiste Zeit im Jahr kommen Tomaten aus Ländern mit wärmeren Temperaturen wie Süditalien oder -spanien und haben bereits einen langen Weg hinter sich – das wirkt sich ebenfalls negativ auf unser Klima aus.
Im Sommer heißt es deshalb, die heimische Tomatensaison voll auszukosten. Jetzt sind die in Österreich und Südtirol genannten Paradeiser vollreif und wunderbar aromatisch. Die Vielfalt reicht von kleinen Cocktail- bzw. Kirschtomaten bis zu großen Fleischtomaten sowie von Weiß über Grün, Gelb, Violett bis zum typischen Rot. Im Winter am besten auf Tomaten aus Dosen oder dem Verbundkarton zurückgreifen.

SOMMERLICHES OFEN-RATATOUILLE

Zucchini, Aubergine, Tomate und Paprika werden bei dieser alpenländischen
Version des traditionellen Gemüsegerichts aus der französischen Provence
ganz unkompliziert im Ofen geschmort. Das Ratatouille schmeckt warm
und kalt sehr gut, dazu passt ein Baguette.

 ZUBEREITUNG: 30 Minuten
BACKZEIT: 40 Minuten

 FÜR 2–3 PERSONEN

1 Zwiebel
2 Knoblauchzehen
1 EL Olivenöl
350 ml passierte Tomaten
Salz
Pfeffer
3 Thymianzweige
2 mittlere Zucchini
2 kleine Melanzani
3 mittlere Tomaten
1 gelbe Spitzpaprika

Außerdem
ofenfeste Auflaufform
Basilikumblätter zum Servieren

1. Zwiebel und die Knoblauch schälen und fein hacken. Das Öl in einem Topf
erhitzen und beides darin anschwitzen. Die passierten Tomaten zufügen und mit
Salz und Pfeffer würzen. Den Thymian waschen, die Blättchen abzupfen und
ebenfalls zugeben. Bei kleiner Hitze ca. 10 Minuten zugedeckt köcheln lassen.

2. Inzwischen Zucchini, Melanzani und Tomaten waschen, putzen und in
ca. 2 mm dicke Scheiben schneiden oder hobeln. Die Paprika waschen und
in Ringe schneiden, die Kerne dabei entfernen.

3. Den Backofen auf 200 °C Umluft vorheizen. Die Tomatensauce in die Auflaufform
geben. Das Gemüse abwechselnd in die Form schichten und auf der mittleren
Schiene 30–40 Minuten backen. Mit Basilikumblättern bestreuen und servieren.

Backofen vorheizen?
Das Vorheizen des Backofens ist bei neueren Öfen normalerweise nicht
nötig, und es wegzulassen spart Energie. Gerichte wie Kuchen, Hefeteig
oder Aufläufe können in den kalten Ofen geschoben werden.
   Bei empfindlichen Teigen wie Biskuit, Brandteig und Soufflé ist ein
Vorheizen jedoch sinnvoll, auch bei Flammkuchen und Pizza.
   Allerdings ist jeder Ofen anders, daher sollte die angegebene Backzeit
öfter kontrolliert werden, da sich die Garzeit entsprechend verlängert.
   Wichtig: den Backofen leer, d. h. ohne Backblech, vorheizen (außer
Pizzastein).

MOOSBEERNOCKEN

ZUBEREITUNG: 25 Minuten

FÜR CA. 15 STÜCK

250 g Magertopfen
3 Eier (Gr. M)
Salz
50 g Dinkelmehl (Type 630)
250 g Moosbeeren

Außerdem

Butter oder Butterschmalz
   zum Ausbraten
Staubzucker zum Servieren

1. In einer Schüssel Topfen, Eier und 1 Prise Salz verrühren. Das Mehl löffelweise dazugeben, bis ein fester Teig entstanden ist.

2. Die Moosebeeren waschen, trocken tupfen und unter die Masse mischen.

3. Das Fett in einer beschichteten Pfanne erhitzen und je einen Esslöffel Teig in die Pfanne gleiten lassen. Die Küchlein 3-4 Minuten anbraten, wenden und weitere 1-2 Minuten fertig backen.

4. Mit Staubzucker bestäuben und servieren.

In Tirol und Salzburg werden wild wachsende Heidelbeeren u. a. als Moosbeeren oder Schwarzbeeren bezeichnet. Sie sind auch unter Waldheidelbeeren oder Blaubeeren bekannt.

Wild-Heidelbeeren wachsen zwischen Juli und September auf Zwergsträuchern in Mooren, Heidelandschaften sowie halbschattigen Laub- und Nadelwäldern. Die kleinen dunkelvioletten Früchte haben auch ein blauviolettes Fruchtfleisch und sind besonders aromatisch. Im Unterschied dazu haben die im Supermarkt angebotenen Kultur-Heidelbeeren eine hellere Farbe. Die Früchte sind deutlich größer und das Fruchtfleisch ist hell-weißlich. Sie sind das ganze Jahr über als Import erhältlich.

Wer keine Moosbeeren bekommt, kann auch Kultur-Heidelbeeren oder Himbeeren verwenden.

Traditionell werden die Nocken übrigens ohne Topfen zubereitet.

KIRSCHENMICHL

Auch als Scheiterhaufen oder Ofenschlupfer bekannt, eignet sich
der Kirschenmichl wunderbar, um altbackenes Weißbrot oder Hefegebäck
köstlich zu verwerten. Wer süßes Gebäck verwendet, kann sich zusätzlichen
Zucker sparen. Und anstatt Kirschen eignen sich auch dünne
Apfelscheiben und im Frühling Rhabarber.

ZUBEREITUNG: 45 Minuten
ZIEHZEIT: 10 Minuten
BACKZEIT: 30 Minuten

FÜR 1 AUFLAUFFORM

250 g Kirschen (alternativ 1 Glas
   Weichseln, Abtropfgewicht 195 g)
500 g altbackenes Gebäck
   (z. B. Striezel, Brioche, Semmeln,
   Weißbrot)
500 ml Milch
4 Eier (Gr. M)
50 g Zucker (bei Bedarf, wenn kein
   süßes Gebäck verwendet wird)
½ TL Zimt
etwas abgeriebene Schale
   von 1 Bio-Zitrone
20 g Butter

Außerdem
ofenfeste Auflaufform (20 x 30 cm)
Butter für die Form
Staubzucker zum Bestäuben

1. Die Kirschen waschen, Stiele und Kerne entfernen. Das Gebäck in ca. 0,5 cm dicke Scheiben schneiden. Eine Auflaufform mit Butter einfetten.

2. Die Gebäckscheiben in die Auflaufform schichten und die Kirschen dazwischen verteilen.

3. Die Milch mit Eiern, ggf. Zucker, Zimt und Zitronenabrieb verquirlen. Den Guss über das Gebäck gießen und etwa 10 Minuten ziehen lassen. Mit Butterflöckchen belegen.

4. Den Backofen auf 180 °C (Umluft) vorheizen (s. Tipp Seite 60). Den Kirschenmichl im Backofen auf der zweiten Schiene von unten bei ca. 30 Minuten goldgelb backen.

5. Anschließend etwas abkühlen lassen. Mit Staubzucker bestäuben und lauwarm servieren.

BUCHTELN MIT MARILLENMARMELADE

Buchteln, auch Rohrnudeln genannt, werden im Rohr (Backofen)
in einem Reindl (rechteckiger Bräter) gebacken. Gefüllt wird der süße Hefeteig
mit Marillenmarmelade oder Powidl (Zwetschgenmus). Nach Belieben können
die Buchteln auch mit Vanillesauce (Seite 130) serviert werden.

ZUBEREITUNG: 45 Minuten
GEHZEIT: 60 Minuten
BACKZEIT: 30 Minuten

FÜR 1 AUFLAUFFORM

400 g Weizenmehl
125 ml Milch
20 g frische Hefe
2 EL Zucker
1 Prise Salz
2 Eier (Gr. M)
70 g weiche Butter
140 g Marillenmarmelade

Außerdem
Mehl zum Arbeiten
zerlassene Butter für die Form
   und zum Bestreichen
Staubzucker zum Servieren

1. Für den Hefeteig das Mehl in eine Schüssel sieben und eine Mulde hineindrücken. Die Milch lauwarm erwärmen und die Hefe hineinbröseln. Die Hälfte
des Zuckers hinzufügen und alles verrühren. Die Hefemischung in die Mulde
gießen und mit etwas Mehl zu einem Vorteig verrühren. Zugedeckt an einem
warmen Ort 15 Minuten gehen lassen.

2. Danach Salz, Eier und weiche Butter in Stückchen dazugeben und alles mit den
Knethaken des Handrührgerätes zu einem geschmeidigen Teig verkneten.
Zugedeckt weitere 30 Minuten ruhen lassen.

3. Eine hitzebeständige Form gründlich einfetten. Den Teig nochmals kräftig
durchkneten und in 32 gleich große Stücke teilen. Jedes Stück etwas flach
drücken, etwa einen halben Teelöffel Marmelade in die Mitte geben und den
Teig darüber verschließen. Die Buchteln mit wenig Abstand in die Form setzen
und weitere 15 Minuten gehen lassen.

4. Den Backofen auf 180 °C (Umluft) vorheizen (s. Tipp Seite 60). Die Buchteln mit
zerlassener Butter bestreichen und im Backofen auf der mittleren Schiene etwa
30 Minuten backen.

5. Mit Staubzucker bestäuben und servieren.

MARILLEN-GALETTE MIT MANDELN

Traditionell sind Galettes herzhafte Pfannkuchen aus Buchweizenmehl,
die aus der Bretagne stammen. Der Rand der belegten Crêpes wird nur eingeklappt,
sodass die Füllung zu sehen ist. Die sommerliche Tarte mit Marillen erinnert
durch die Art der Zubereitung an eine Galette. Lecker schmeckt sie
auch noch lauwarm mit einer Kugel Vanilleeis serviert.

ZUBEREITUNG: 30 Minuten
KÜHLZEIT: 30 Minuten
BACKZEIT: 20 Minuten

FÜR 1 GROSSE
ODER 5 KLEINE GALETTES

250 g Dinkelvollkornmehl
   plus mehr zum Arbeiten
Salz
60 g Zucker
125 g eiskalte Butter
1 Ei (Gr. M)
500 g Marillen
40 g Mandelblättchen

1. Für den Teig das Dinkelmehl mit 1 Prise Salz und Zucker mischen. Die Butter in Stückchen und das Ei dazugeben und alles rasch zu einem geschmeidigen Teig verarbeiten. Nach Bedarf 2–3 EL eiskaltes Wasser zufügen. Für 30 Minuten kühl stellen.

2. Inzwischen die Marillen waschen, halbieren und vom Kerngehäuse befreien. In dünne Spalten schneiden. Den Backofen auf 180 °C (Umluft) vorheizen (s. Tipp Seite 60). Ein Backblech mit Backpapier belegen.

3. Den Teig auf einer bemehlten Arbeitsfläche dünn zu einem Kreis ausrollen. Für kleine Galettes in fünf Stücke teilen und jeweils dünn ausrollen. Auf das Backpapier legen. Die Marillenspalten dachziegelartig im Kreis auf den Teig legen, dabei einen Rand von ca. 2 cm frei lassen. Den Teigrand einklappen und mit den Mandelblättchen bestreuen. Auf der unteren Schiene im Backofen ca. 20 Minuten backen.

Je nach Saison passen auch in Spalten geschnittene Pfirsiche, Zwetschgen, Äpfel oder Birnen.

HIMBEER-MINZ-SODA
AKA SKIWASSER

Skiwasser ist eigentlich allen ein Begriff, die im Winter mit den Skiern oder dem Snowboard auf der Piste unterwegs sind. Das erfrischende Getränk gehört zum Skierlebnis dazu und erinnert an die Erlebnisse in den Bergen. Skiwasser lässt sich zu Hause ganz einfach selbst machen. Mit frischen Himbeeren und Minze verfeinert, ist der alpine Klassiker auch im Sommer das perfekte Erfrischungsgetränk.

ZUBEREITUNG: 10 Minuten

FÜR 500 ML

1 Bio-Zitrone
4 Stiele Minze
1 Handvoll Himbeeren
50 ml Himbeersirup
500 ml kaltes Mineralwasser

Außerdem
Eiswürfel nach Belieben

1. Die Zitrone heiß abspülen und halbieren. Eine Hälfte auspressen, die andere Hälfte in Scheiben schneiden. Die Minze und die Himbeeren waschen und trocken schütteln.

2. In einem großen Gefäß Himbeersirup und Mineralwasser mischen. Die Minze, Himbeeren, Zitronensaft und -scheiben zufügen und alles gut verrühren.

3. Nach Belieben mit Eiswürfeln servieren.

Anstatt Himbeersirup schmeckt auch der selbst gemachte Rotkleesirup von Seite 21.

PFIRSICH-ZITRONENMELISSEN-LIMONADE

**An heißen Sommertagen gibt es nichts Schöneres, als sich
mit einer selbst gemachten Limonade Abkühlung zu verschaffen.
Diese wunderbar fruchtige Limonade mit Pfirsichen ist der ideale Durstlöscher!**

ZUBEREITUNG: 10 Minuten
plus Abkühlen
ZIEHZEIT: 20 Minuten

FÜR 1 L

1 Bund frische Zitronenmelisse
2 Bio-Zitronen
3 reife Pfirsiche
etwas Honig (alternativ Zucker)
zum Süßen

Außerdem
Eiswürfel zum Servieren
Makkaroninudeln als Strohhalm

1. Die Zitronenmelisse waschen und trocken schütteln. Ein paar Stiele beiseitelegen, die restlichen in eine Kanne geben und mit 1 l heißem Wasser übergießen. Etwa 20 Minuten ziehen lassen, dann abseihen und abkühlen lassen.

2. Die Zitronen heiß abspülen, eine Zitrone in Spalten schneiden. Die zweite Zitrone auspressen. Die Pfirsiche waschen, entkernen und ebenfalls in Spalten schneiden.

3. Den Zitronensaft mit dem abgekühlten Tee mischen. Die Zitronen- und Pfirsichspalten sowie frische Zitronenmelisse zugeben und nach Belieben mit Honig süßen. Mit Eiswürfeln servieren.

Die sommerliche Limonade mit einem Makkaroni-Strohhalm servieren, denn er ist plastikfrei und ohne Verpackungsmüll. Anschließend die Nudel einfach wegknabbern. Natürlich kann auch ein Strohhalm aus Glas verwendet werden.

DER SEPTEMBER

Das ist ein Abschied mit Standarten
aus Pflaumenblau und Apfelgrün.
Goldlack und Astern flaggt der Garten,
und tausend Königskerzen glühn.

Das ist ein Abschied mit Posaunen,
mit Erntedank und Bauernball.
Kuhglockenläutend ziehn die braunen
und bunten Herden in den Stall.

Das ist ein Abschied mit Gerüchen
aus einer fast vergessenen Welt.
Mus und Gelee kocht in den Küchen.
Kartoffelfeuer qualmt im Feld.

Das ist ein Abschied mit Getümmel,
mit Huhn am Spieß und Bier im Krug.
Luftschaukeln möchten in den Himmel.
Doch sind sie wohl nicht fromm genug.

Die Stare gehen auf die Reise.
Altweibersommer weht im Wind.
Das ist ein Abschied laut und leise.
Die Karussells drehn sich im Kreise.

Und was vorüber schien, beginnt.

ERICH KÄSTNER
(1899–1974)

HERBST

Die Blätter der Bäume verfärben sich langsam und die letzten warmen Sonnenstrahlen blitzen auf Wasser und die Wiesen: Die milden Tage im Spätsommer eignen sich perfekt für ein buntes Picknick am See.

Dort erwartet uns eine herzhafte Brotzeit: fruchtige Kürbis-Birnen-Konfitüre (Seite 80), Obatzda mit roten Zwiebelringen, cremiger Ziegenfrischkäse, würziger Bergkäse und ein aromatischer Heublumenkäse. Nicht fehlen dürfen knackige Radieserl. Dazu gibt es ein frisches Bauernbrot und resche Brezen.

Nimm dir die Zeit, packe deinen Picknickkorb und genieße den wunderbaren Herbst. Und angestoßen wird mit unserem alkoholfreien Preiselbeer-Rosmarin-Spritz (Seite 107)!

QUITTEN-CHUTNEY MIT ROTEN ZWIEBELN

Quitten sind in den letzten Jahren wieder öfter auf heimischen Märkten erhältlich. Das Kernobst hat einen süß-säuerlichen Geschmack und einen aromatisch-zitronigen Duft. Verarbeitet werden Quitten ähnlich wie Äpfel und Birnen, mit denen sie verwandt ist. Aufgrund des hohen Pektingehaltes gelieren Quitten leicht – perfekt für das süß-saure Chutney mit roten Zwiebeln. Am besten auf einem gerösteten Sauerteigbrot mit einem kräftigen Bergkäse servieren.

ZUBEREITUNG: 20 Minuten
ZIEHZEIT: 30 Minuten
KOCHZEIT: 30 Minuten

FÜR 4 GLÄSER

1 kg Quitten
130 g Zucker
½ TL Salz
2 rote Zwiebeln
1 Stück Ingwer (ca. 4 cm)
1 rote Chilischote
150 ml Apfelsaft
150 ml Apfelessig
1 Zimtstange
2 Sternanis

Außerdem
4 sterile Gläser (à 250 ml)

1. Die Quitten mit einem Küchentuch abreiben, um sie vom Flaum zu befreien. Dann schälen, vierteln, entkernen und in Würfel schneiden. In einem Topf mit Zucker und Salz verrühren und 30 Minuten ziehen lassen.

2. Inzwischen die Zwiebel schälen und in Würfel schneiden. Den Ingwer schälen. Die Chilischote waschen und putzen. Alles fein hacken.

3. Mit den restlichen Zutaten zu den Quitten geben und alles aufkochen. Die Hitze reduzieren und zugedeckt ca. 30 Minuten zu einer dickflüssigen Masse einköcheln lassen. Anschließend in sterile Gläser füllen.

KÜRBIS-BIRNEN-KONFITÜRE

Kürbis in einem süßen Aufstrich? Ja, denn das samtig-nussige Aroma
des Hokkaido-Kürbis harmoniert wunderbar mit fruchtig-süßlichen Birnen.
Praktisch, der Hokkaido muss nicht geschält werden. Besonders gut schmeckt
die Kürbis-Birnen-Konfitüre mit cremigem Ziegen- oder Schafsfrischkäse
auf einem knusprigen Bauernbrot. Auch sahniger Weichkäse
wie Camembert oder Brie passen hervorragend.

ZUBEREITUNG: 45 Minuten

FÜR CA. 4 GLÄSER À 200 G

350 g Hokkaido-Kürbis
500 g reife Birnen
250 g Gelierzucker (3:1)
½ TL gemahlener Zimt
1 Msp. gemahlene Nelken

Außerdem
ca. 4 sterile Einmachgläser à 200 g

1. Den Kürbis waschen, ggf. schälen, entkernen und klein würfeln. Mit 3–4 EL Wasser in einem Topf erhitzen und zugedeckt bei geringer Hitze ca. 12 Minuten köcheln lassen. In ein Sieb gießen und abtropfen lassen.

2. Die Birnen schälen, vom Kerngehäuse befreien und klein würfeln. Mit dem gegarten Kürbis pürieren. In einen Topf geben, den Gelierzucker zufügen und zum Kochen bringen.

3. Unter Rühren 3 Minuten sprudelnd kochen lassen. Zimt und Nelkenpulver unterrühren und sofort in sterile Gläser füllen.

KÜRBISSALAT MIT LINSEN UND PREISELBEERDRESSING

ZUBEREITUNG: 40 Minuten
BACKZEIT: 20 Minuten

FÜR 2 PERSONEN

125 g Berglinsen
2 EL Kürbiskerne
300 g Hokkaido-Kürbis
2 EL Olivenöl
Salz
Pfeffer
1 Msp. Cayennepfeffer
100 g Vogerlsalat
1 kleiner Radicchio

Für das Dressing
3 EL Olivenöl
4 EL naturtrüber Apfelessig
1 TL scharfer Senf
1 EL Wild-Preiselbeeren
   (aus dem Glas oder
   Rezept Seite 85)
Salz
Pfeffer

1. Die Linsen abspülen und in 350 ml leicht gesalzenem Wasser ca. 30 Minuten köcheln lassen. Anschließend ggf. überschüssiges Wasser abgießen.

2. Die Kürbiskerne in einer Pfanne ohne Fett rösten.

3. Den Backofen auf 200 °C (Ober-/Unterhitze) vorheizen (s. Tipp Seite 60). Den Kürbis waschen, putzen und in Spalten schneiden. Auf dem Backblech verteilen, mit Olivenöl beträufeln und mit Salz, Pfeffer und Cayennepfeffer würzen. Auf der mittleren Schiene 15–18 Minuten backen.

4. Inzwischen den Vogerlsalat waschen, putzen und trocken schleudern. Den Radicchio putzen, waschen und die Blätter in Streifen schneiden. Für das Dressing alle Zutaten verquirlen.

5. Die lauwarmen Linsen mit dem Salat mischen. Das Dressing unterrühren. Mit den Kürbisspalten belegen und mit den Kürbiskernen bestreuen.

Berglinsen haben eine braun- oder graugrüne Farbe, je nach Herkunft sind sie auch gesprenkelt, und einen fein-aromatischen Geschmack. Auch nach längerem Kochen behalten sie ihre Form und bleiben bissfest. So eignen sie sich perfekt für Salate und Eintöpfe.

PREISELBEEREN SAMMELN

Der »goldene« Herbst ist nicht nur die Zeit der bunten Blätter und Kastanien, er ist vor allem auch die Zeit der Ernte. Viele heimische Früchte und Gemüsesorten haben jetzt Saison und man kann so richtig aus dem Vollen schöpfen. Äpfel, Birnen und Quitten sind reif und können bei Bedarf eingelagert, zu feinen Konfitüren (Seite 80) oder süß-saurem Chutney (Seite 79) eingekocht werden. Dazu kommen Nüsse, Getreide sowie Herbstgemüse wie Mais, Kürbisse, Rüben und Kohlsorten.

Auch Wildbeeren wie Holunderbeeren, Hagebutten oder Preiselbeeren zählen im Spätsommer und Herbst zu den köstlichen Geschenken, die uns die Natur zu bieten hat. Besonders die »Granten«, wie die Preiselbeeren in Österreich und Südtirol genannt werden, gehören im Alpen-

raum zum kulinarischen Herbst. Der Geschmack der Wildfrüchte ist herb-säuerlich und sie verleihen herzhaften und süßen Gerichten sowie Getränken eine ganz besondere Note – etwa der Buchweizentorte, die mit Preiselbeeren gefüllt wird (Seite 102), einem Kürbissalat mit Linsen, der ein ganz besonderes Dressing erhält (Seite 83), dem klassischen Kaiserschmarrn (Seite 133) und dem alkoholfreien Spritz, bei dem Preiselbeeren wunderbar mit Rosmarin harmonieren (Seite 107).

Wenn du im Herbst in den Bergen unterwegs bist, dann verbinde doch eine Wanderung mit dem Sammeln von Preiselbeeren – es lohnt sich! Solltest du nicht fündig werden, kannst du bei den Rezepten auch auf Preiselbeeren aus dem Glas aus dem Supermarkt zurückgreifen.

Hoch oben

Preiselbeeren reifen im Spätsommer bis zum frühen Herbst in den Alpen auf bis zu 2.500 Metern. Die Zwergsträucher mit den immergrünen Blättern findest du in lichten Nadelbaumwäldern, Mooren und an sonnigen Bergwiesenhängen rund um die Baumgrenze. Besonders wenn die Preiselbeeren reif sind, siehst du die leuchtend roten Beeren leicht. Im Vergleich zu den Heidelbeeren, mit denen sie gern gemeinsam wachsen, lassen sich die Beeren einfach und vor allem ohne Flecken abstreifen. Wichtig ist es, nur Früchte zu ernten, die du genau bestimmen kannst, und wild gesammelte Beeren vor dem Verzehr gründlich zu waschen.

Haltbarmachen der Früchte

Zum Einkochen die Früchte sorgfältig verlesen und alle Blätter und Stiele entfernen. In einem großen Topf 1 kg frische Preiselbeeren mit 800 g feinem Zucker und dem Saft von ½ Zitrone vorsichtig unter Rühren aufkochen. Bei starker Hitze 5–10 Minuten sprudelnd kochen, bis die Beeren platzen, dabei stetig rühren. Sorgfältig abschäu-

men. Für die Gelierprobe einige Tropfen auf einen gekühlten Teller träufeln. Wenn sie leicht gelieren, sind die Preiselbeeren fertig. Den Topf vom Herd nehmen und die Preiselbeeren in vorbereitete sterile Gläser füllen und verschließen.

Sind Cranberry und Preiselbeere die gleiche Beere?

Oft wird die Cranberry als Preiselbeere übersetzt. Geschmacklich sind sich die beiden Beeren sehr ähnlich, bei Cranberrys und Preiselbeeren handelt es sich allerdings nicht um die gleichen Früchte. Aber die Beeren sind botanisch miteinander verwandt, denn beide gehören zu den Heidekrautgewächsen und außerdem zur Gattung der Heidelbeere. Cranberry und Preiselbeere sind beide rot – die Farbe ist allerdings ihre einzige optische Übereinstimmung. Während Preiselbeeren etwa so groß werden wie Erbsen, sind Cranberrys so groß wie Kirschen. Preiselbeeren wachsen an kleinen Sträuchern, die Cranberrypflanze dagegen rankt über den Boden. Ursprünglich stammt die Cranberry aus Nordamerika, da sie im mitteleuropäischen Klima gut gedeiht, ist sie mittlerweile auch bei uns zu finden.

GERÖSTETE KOHLSPROSSEN UND MAIS AUF WEISSE-BOHNEN-HUMMUS

ZUBEREITUNG: 20 Minuten
BACKZEIT: 20 Minuten

FÜR 2 PERSONEN

200 g Kohlsprossen
2 frische Maiskolben (alternativ
    vorgegarte vakuumierte Maiskolben)
1 Knoblauchzehe
1 kleine rote Chilischote
3 EL Olivenöl
1 EL Honig (alternativ Löwenzahn-
    honig, Seite 16)
1 TL Paprikapulver, edelsüß
1 TL gemahlener Kreuzkümmel
Salz
Pfeffer

Für den Hummus
1 Dose weiße Bohnen
    (Abtropfgewicht 240 g)
1 Knoblauchzehe
1 TL gemahlener Kreuzkümmel
1 EL Sesammus (Tahin)
3 EL Olivenöl
Saft von ½ Zitrone
Salz
Pfeffer

Außerdem
Mini-Schüttelbrot zum Servieren

1. Den Backofen auf 180 °C (Umluft) vorheizen (s. Tipp Seite 60).

2. Die Kohlsprossen putzen und je nach Größe halbieren. Den Maiskolben entblättern und den Maisbart, die Fasern zwischen Blättern uns Kolben, entfernen und beiseitelegen (siehe Tipp). Die Kolben waschen, trocken tupfen und die Spitze und Enden mit den unreifen Körnern abschneiden. Die Maiskörner mithilfe eines scharfen Messers vorsichtig in Spalten vom Kolben schneiden.

3. Die Knoblauchzehe schälen und fein hacken. Die Chilischote waschen, putzen und fein hacken.

4. Das Olivenöl mit Honig, Paprikapulver und Kreuzkümmel vermischen. Das Gemüse unterrühren und mit Salz und Pfeffer würzen. Auf einem Backblech verteilen und auf der mittleren Schiene 20 Minuten backen.

5. Inzwischen für den Hummus die Bohnen abgießen, abspülen und abtropfen lassen. Die Knoblauchzehe schälen und grob hacken. Alle Zutaten im Standmixer oder mit dem Pürierstab mit 50 ml Wasser cremig pürieren.

6. Zum Servieren den Hummus auf zwei Teller verteilen und das geröstete Gemüse darübergeben. Mit Schüttelbrot servieren.

Maisbarthaare verwenden
Der sogenannte Maisbart, auch bekannt als Maisgriffel, sind die feinen Haare, die an der Spitze des gereiften Maiskolbens wachsen. Sie schmecken mild-süßlich und können frisch oder getrocknet für die Teezubereitung genutzt werden. Dazu etwas Maisbart mit kochendem Wasser aufgießen, 5–8 Minuten ziehen lassen, abseihen und trinken.

SELLERIESCHNITZEL MIT KÜRBISKERNKRUSTE UND ERDÄPFEL-APFEL-STAMPF

ZUBEREITUNG: 30 Minuten
KOCHZEIT: 30 Minuten

FÜR 2 PERSONEN

500 g mehligkochende Erdäpfel
1 kleiner Apfel
Salz
1 kleine Knolle Sellerie (ca. 400 g)
Pfeffer
1 Ei (Gr. S)
20 g Weizenmehl
50 g klein gehackte Kürbiskerne
50 ml Milch
40 g Butter
frisch geriebene Muskatnuss
Pfeffer
50 g Butterschmalz

Außerdem
Zitronenschnitze zum Servieren

1. Für den Stampf die Erdäpfel und den Apfel schälen. Die Erdäpfel vierteln, den Apfel vom Kerngehäuse befreien und klein schneiden. In einen Topf geben und in gesalzenem Wasser zugedeckt 15–20 Minuten gar kochen.

2. Währenddessen den Sellerie putzen, schälen und in 1 cm dicke Scheiben schneiden. In kochendem Salzwasser 10 Minuten garen, abgießen und mit Küchenpapier trocken tupfen. Salzen und pfeffern.

3. Das Ei mit Salz und Pfeffer verrühren. Die Selleriescheiben zuerst in Mehl, dann in Ei und zuletzt in den Kürbiskernen wenden. Die Panade gut andrücken.

4. Erdäpfel und Apfel abgießen und durch eine Erdäpfelpresse drücken oder mit dem Stampfer zerkleinern.

5. Milch und Butter in einem Topf erhitzen. Nach und nach mit einem Holzlöffel unter die Kartoffeln rühren. Mit Salz, Pfeffer und Muskatnuss würzen.

6. Das Butterschmalz in einer Pfanne erhitzen und die Schnitzel portionsweise von jeder Seite ca. 3 Minuten anbraten. Die Sellerieschnitzel mit dem Erdäpfel-Apfel-Stampf und Zitronenschnitzen servieren.

Gemüsereste als Basis für Suppen
In der Schale von Sellerie, Karotten, Pastinake, Petersilienwurzel & Co. sowie in Kräuterstängeln steckt viel Aroma. Daher nicht wegwerfen, sondern im Tiefkühlfach in einem Behälter sammeln und als Basis für Suppen und Saucen verwenden.

EIERSCHWAMMERL-GRÖSTL MIT SPIEGELEI

Das Gröstl ist ein herzhaftes bodenständiges Pfannengericht, das auch ohne Speck überzeugt. Mit nur wenigen einfachen Zutaten und den ersten Eierschwammerl der Saison ein Gedicht. Das Gröstl eignet sich auch hervorragend als Resteessen. Übrig gebliebenes Gemüse wie Karotten, Lauch, Zucchini, Rohnen oder auch Blattgemüse wie Spinat oder Kohl schmecken darin.

ZUBEREITUNG: 30 Minuten
KOCHZEIT: 30 Minuten

FÜR 2 PERSONEN

400 g festkochende Erdäpfel
1 rote Zwiebel
1 kleine Knoblauchzehe
250 g Eierschwammerl
2 Eier (Gr. M)
3 EL Butterschmalz (alternativ Butter)
Salz
Pfeffer
¼ Bund Petersilie

1. Die Erdäpfel gründlich waschen und in Salzwasser 25–30 Minuten gar kochen. Anschließend abgießen, ausdampfen lassen und noch warm pellen. Dann abkühlen lassen.

2. Die Erdäpfel in dicke Scheiben schneiden. Die Zwiebel schälen und in Ringe schneiden. Die Knoblauchzehe schälen und fein hacken. Die Eierschwammerl putzen, größere Pilze längs halbieren. Die Petersilie waschen, trocken schütteln und fein hacken.

3. In einer Pfanne 1 EL Butterschmalz erhitzen und die Erdäpfel darin bei mittlerer Hitze braten, bis sie schön kross sind. Dabei nur gelegentlich wenden. Gegen Ende der Bratzeit Knoblauch, Zwiebelringe und Pfifferlinge zufügen und 3–4 Minuten mitbraten. Mit Salz und Pfeffer würzen.

4. In einer weiteren Pfanne das restliche Butterschmalz erhitzen und die Eier nacheinander hineinschlagen. Die Spiegeleier 3–4 Minuten braten, bis das Eiweiß fest ist. Das Gröstl mit je einem Spiegelei belegen und mit Petersilie bestreut servieren.

Die Erdäpfel am besten schon am Vortag vorbereiten!
Für ein Semmelknödel-Gröstl anstatt Erdäpfel in Scheiben geschnittene Knödel verwenden.

KÜRBIS-GNOCCHI
AUF ROTKOHL-MARONEN-SALAT

ZUBEREITUNG: 45 Minuten
KOCHZEIT: 30 Minuten

FÜR 2 PERSONEN

250 g mehligkochende Erdäpfel
150 g Kürbispüree (siehe Tipp)
1 Eigelb
½ TL Salz
Pfeffer
frisch geriebene Muskatnuss
ca. 80 g Dinkelmehl (Type 630)

Für den Salat
¼ Rotkohl (ca. 350 g)
1 kleiner säuerlicher Apfel
   (z. B. Boskop)
20 g Butter
25 ml Rotweinessig
125 ml Apfelsaft
50 g Wild-Preiselbeeren (aus dem
   Glas; siehe auch Rezept Seite 85)
¼ TL Zimt
½ TL Piment
2 Gewürznelken
100 g vorgegarte Maronen
Salz
Pfeffer

1. Die Erdäpfel waschen und in Salzwasser 25–30 Minuten garen. Inzwischen für den Salat den Rotkohl vierteln und den Strunk entfernen. Den Kohl fein hobeln. Den Apfel waschen, vom Kerngehäuse befreien und grob raspeln.

2. Die Butter in einer Pfanne zerlassen. Den Rotkohl hinzufügen und unter Rühren ca. 5 Minuten andünsten. Mit Essig und Apfelsaft ablöschen. Geriebenen Apfel, Preiselbeeren, Zimt und Gewürznelken zugeben und 20 Minuten köcheln lassen, bis die Flüssigkeit verdampft ist. Die Maronen zugeben und alles mit Salz und Pfeffer abschmecken.

3. Die Erdäpfel abgießen, ausdampfen lassen und noch heiß pellen. Durch eine Presse drücken oder mit dem Stampfer pürieren und abkühlen lassen. Kürbispüree und Eigelb zugeben. Mit Salz, Pfeffer und Muskatnuss würzen. Nach und nach so viel Mehl unterkneten, bis ein glatter, homogener Teig entstanden ist.

4. Den Teig auf einer bemehlten Arbeitsfläche zu zwei Rollen mit 3 cm Durchmesser formen. Mit einem Messer in 1–2 cm große Stücke schneiden. Nach Belieben für die typische Gnocchi-Form die Teigstücke mit einem Gabelrücken leicht eindrücken. Auf ein bemehltes Brett legen.

5. Reichlich Salzwasser in einem Topf aufkochen. Die Gnocchi portionsweise im siedenden Salzwasser garen, bis sie an die Oberfläche steigen, und herausnehmen. Die Kürbisgnocchi mit dem lauwarmen Rotkraut-Maronen-Salat servieren.

Kürbispüree herstellen
Kürbispüree ist eine einfache Methode, um in der Erntezeit große Mengen haltbar zu machen. Es dient als Basis für herzhafte Gerichte oder süßes Gebäck. Den Kürbis gründlich waschen (ggf. schälen), halbieren, Kerne und Fasern entfernen und grob würfeln. Die Kürbisstücke im Backofen bei 190 °C (Umluft) 30–35 Minuten backen, bis das Fruchtfleisch weich ist. Anschließend pürieren. Das Kürbispüree portionsweise einfrieren, heiß in Gläser füllen oder für eine noch längere Haltbarkeit einkochen.

BREZENKNÖDEL MIT RAHMSCHWAMMERLN

Der Knödel ist im Alpenraum ein Traditionsgericht. Im Unterschied zum Semmelknödel, der aus Semmeln (Brötchen) hergestellt wird, besteht der Brezenknödel aus Laugengebäck. Dabei ist es egal, ob tatsächlich Brezen, Laugenstangen oder Laugensemmeln verwendet werden. Wichtig: Laugengebäck vom Vortag nehmen, das ist schön trocken und eignet sich gut für Knödel.

ZUBEREITUNG: 45 Minuten
RUHEZEIT: 30 Minuten

FÜR 4 PERSONEN

Für 8–9 Knödel

300 g Laugengebäck vom Vortag
1 Zwiebel
1 EL Butter
150 ml Milch
1 Bund Petersilie
2 Eier (Gr. M)
Salz, Pfeffer, Muskatnuss

Für die Rahmschwammerl

500 g gemischte Pilze (Champignons,
   Eierschwammerl, Steinpilze,
   alternativ nur Champignons)
1 Zwiebel
3 EL Butter
2 EL Mehl
400 ml Gemüsebrühe
200 ml Schlagrahm
150 g Crème fraîche
Salz, Pfeffer

Außerdem

Dampfeinsatz (siehe Tipp)
Öl zum Bepinseln

1. Für die Knödel das Laugengebäck vom Salz befreien und klein würfeln. Die Zwiebel schälen und fein hacken. Die Butter in einem kleinen Topf erhitzen und die Zwiebel glasig anschwitzen. Die Milch zugießen und aufkochen lassen, dann über die Brezenwürfel gießen.

2. Die Petersilie waschen, trocken schütteln und fein hacken, 2 EL für die Sauce beiseitestellen. Eier und Petersilie zur Knödelmasse geben und mit Salz, Pfeffer und Muskatnuss abschmecken. Die Masse zugedeckt 30 Minuten ruhen lassen.

3. Mit angefeuchteten Händen Knödel formen. Wenig Wasser in einem Topf zum Kochen bringen. Den Dampfeinsatz mit Öl bepinseln, in den Topf stellen und die Knödel darin verteilen. Zugedeckt 12–15 Minuten dämpfen.

4. Für die Sauce die Pilze putzen und je nach Größe halbieren oder in Scheiben schneiden. Die Zwiebel schälen und fein hacken. In einer Pfanne die Butter erhitzen und die Zwiebel glasig anschwitzen. Die Pilze zufügen und 3–4 Minuten bei mittlerer Hitze andünsten. Mit Mehl bestäuben und weitere 2 Minuten braten. Mit Gemüsebrühe und Schlagrahm ablöschen. Die Crème fraîche unterrühren und 15 Minuten bei kleiner Hitze köcheln lassen. Mit Salz und Pfeffer abschmecken.

5. Je zwei Brezenknödel mit Rahmschwammerl in einen tiefen Teller geben und mit Petersilie bestreut servieren.

Wer keinen Dampfeinsatz hat, kann auch ein feinmaschiges Sieb in den Topf hängen. Oder die Knödelmasse zu einer Rolle formen und diese erst in Frischhaltefolie, dann in Alufolie straff einwickeln, dabei die Enden wie bei einem Bonbon fest zusammendrehen und die Rolle im siedenden Wasser garen. Auswickeln und heiß in Scheiben schneiden.

ERNTEZEIT IST DANKESZEIT

Das Erntedankfest gehört zu den ältesten Festen und kommt in allen Kulturen und zu allen Jahreszeiten vor. Bereits bei den Römern und im antiken Griechenland waren Rituale im Zusammenhang mit Ernte und Aussaat bekannt. So verehrten die Griechen die Göttin Demeter, während in der römischen Mythologie Ceres als Göttin der Fruchtbarkeit und des Ackerbaus galt.

Später übernahm die christliche Religion den Brauch. Zum Erntedankfest im Herbst werden in vielen Kirchen Altäre mit Feldfrüchten und Getreide geschmückt. Das Brauchtum zum Erntedankfest ist jedoch regional sehr unterschiedlich. Ein wichtiges Symbol ist beispielsweise die aus Ähren geflochtene Erntekrone, die bei festlichen Umzügen oder Prozessionen auf einem Wagen mitfährt. Auch einige Volksfeste und Jahrmärkte gehen auf Ernte-

dankfeste zurück. In den Alpen ist der Almabtrieb, auch Almabfahrt oder Viehscheid genannt, ein Zeichen des Dankes. Wenn im Almsommer keine Tiere oder Menschen verunglückt sind, wird das Vieh für den Abtrieb festlich geschmückt.

Feste der Freude

Auch in der jüdischen Tradition sind Erntedankfeste fester Bestandteil des Festtagsrhythmus: Schawuot, das Wochenfest im Frühjahr, wird zum Dank für die Weizenernte gefeiert, und das Sukkot, das Laubhüttenfest im Herbst, markiert das Ende der Weinlese. Hindus nennen ihr Dankesfest zur Wintersonnenwende Makar Sankranti oder Pongal. Letzeres wird im Süden Indiens gefeiert. Sobald die Sonne aufgeht, erhält der Sonnengott Surya frische

Früchte als Opfergabe. In Amerika wird am vierten Donnerstag im November Thanksgiving gefeiert. Es erinnert an die Zeit der ersten Pilger, die nur mit Unterstützung der Ureinwohner den ersten Winter überlebten und sich mit einem gemeinsamen Erntefest bedankten.

So unterschiedlich das Brauchtum in den verschiedenen Regionen und Ländern auch sein mag, eines ist überall gleich: Am Erntedankfest bedanken sich die Menschen für die Früchte der Erde.

Die Vielfalt im Jahreslauf genießen

Früher, als die meisten Menschen in der Landwirtschaft tätig waren, bedeutete eine gute Ernte ein gesichertes Überleben. Mit der industriellen Herstellung von Lebensmitteln sowie der Globalisierung sind wir heute nicht mehr so stark abhängig von der heimischen Ernte. Viele Obst- und Gemüsesorten sind das ganze Jahr verfügbar, unabhängig von Saison und Jahreszeit.

Ein erster Schritt, dem Trend der Globalisierung entgegenzuwirken und somit auch die eigene Ernährung klimafreundlicher zu gestalten, ist es, Erzeugnisse aus der Region zu kaufen und auf die lokale Saisonalität von Obst und Gemüse zu achten. Essen im Einklang mit den Jahreszeiten muss aber nicht Verzicht bedeuten. Im Gegenteil, aufgrund des saisonalen Angebotes wird unsere Ernährungsweise automatisch vielfältiger und damit auch gesünder. Dass nicht alles immer verfügbar ist, steigert auch die Vorfreude auf die jeweiligen Produkte der Jahreszeit, etwa Bärlauch und Spargel im Frühjahr und Beeren im Sommer. Nicht zuletzt fördern wir durch regionale und saisonale Produkte die heimische Kultur und bewahren traditionelle Gerichte.

ZWETSCHKEN-TOPFEN-KNÖDEL MIT MOHN-BRÖSELN

Die gefüllten Quarkknödel sind im Alpenraum ein beliebter Süßspeisen-Klassiker. Als Füllung eignen sich neben Zwetschken auch Erdbeeren, Himbeeren, Marillen oder ein Stückchen Nougat. Die Mohnbrösel verleihen dem Gericht eine besondere Note.

ZUBEREITUNG: 30 Minuten
RUHEZEIT: 30 Minuten

FÜR 12 STÜCK

50 g weiche Butter
50 g Staubzucker
Salz
2 Eier (Gr. M)
500 g Magertopfen
220 g griffiges Weizenmehl
12 Zwetschken

Für die Mohnbrösel
100 g Butter
50 g geriebener Mohn
100 g Semmelbrösel
1 EL Staubzucker

Außerdem
Mehl zum Arbeiten
Staubzucker zum Bestäuben

1. Die Butter mit Zucker und 1 Prise Salz schaumig rühren. Die Eier kurz unterrühren. Topfen und Mehl unterkneten, bis ein glatter Teig entstanden ist. Den Teig flach drücken und mindestens 30 Minuten kühl stellen.

2. Die Zwetschken waschen und trocken tupfen. So aufschneiden, dass sie nicht halbiert werden, und den Stein entfernen.

3. Den Teig auf einer bemehlten Arbeitsfläche zu einer Rolle formen und in zwölf gleich große Stücke teilen. Jedes Teigstück flach drücken und eine Zwetschke in die Mitte geben. Den Teig um die Zwetschke einschlagen und zu einem Knödel formen.

4. In einem Topf Wasser aufkochen. Die Hitze reduzieren, die Knödel einlegen (das Wasser darf nicht kochen) und ca. 12 Minuten ziehen lassen.

5. Inzwischen die Butter in einer Pfanne zerlassen. Mohn, Semmelbrösel und Staubzucker hinzufügen und unter Rühren erhitzen, bis die Brösel leicht gebräunt sind.

6. Die Knödel mit einer Schaumkelle aus dem Wasser nehmen, abtropfen lassen und in der Bröselmischung wälzen. Mit Staubzucker bestäuben und sofort servieren.

TOPFENPALATSCHINKEN MIT BROMBEEREN

Palatschinken, Pfannkuchen, Crêpes oder Pancakes? Alle Eierkuchen werden
in der Pfanne gebacken und basieren auf dem Grundrezept mit Milch, Eiern und Mehl.
Der Unterschied liegt in der Dicke, französische Crêpes sind die dünnsten, gefolgt
von Palatschinken, während amerikanische Pancakes klein, dick und fluffig sind.

ZUBEREITUNG: 50 Minuten
BACKZEIT: 40 Minuten

FÜR 4–6 PERSONEN

4 Eier (Gr. M)
500 ml Milch
1 Prise Salz
250 g Weizenmehl

Für die Füllung

2 Eier (Gr. M)
1 Prise Salz
60 g Zucker
250 g Magertopfen
200 g Sauerrahm
Mark von ½ Vanilleschote
1 TL abgeriebene Bio-Zitronenschale
60 g weiche Butter
250 g Brombeeren

Für den Guss

Mark von ½ Vanilleschote
2 Eier (Gr. M)
150 ml Schlagrahm
2 EL Zucker

Außerdem

Butter zum Backen und zum Ausfetten
ofenfeste Auflaufform
Staubzucker zum Bestäuben

1. Für die Palatschinken die Eier mit der Milch und dem Salz verquirlen. Das Mehl dazusieben und unterrühren. Den Teig 30 Minuten ruhen lassen.

2. Etwas Butter in einer beschichteten Pfanne erhitzen und eine kleine Kelle Teig hineingeben. Die Pfanne so schwenken, dass sich der Teig gleichmäßig darin verteilt. Die Palatschinke bei mittlerer Hitze 1–2 Minuten backen, bis die Ränder goldbraun sind. Wenden und auf der anderen Seite fertig backen. Auf diese Weise 8–9 weitere Palatschinken backen. Beiseitestellen.

3. Für die Füllung die Eier trennen. Das Eiweiß mit dem Salz steif schlagen. Den Zucker einrieseln lassen und zu cremigem Schaum schlagen. Die Eigelb mit Topfen, Sauerrahm, Vanille und Zitronenabrieb verrühren, dann die Butter unterrühren. Die Brombeeren waschen und trocken tupfen. Zusammen mit dem Eischnee vorsichtig unterheben.

4. Den Backofen auf 170 °C (Umluft) vorheizen (s. Tipp Seite 60). Die Auflaufform ausfetten. Die Palatschinken mit der Brombeer-Topfen-Masse bestreichen, einrollen und mittig halbieren. Dachziegelartig in die Form legen und auf der mittleren Schiene 10 Minuten backen.

5. Inzwischen für den Guss alle Zutaten verquirlen. Die heißen Palatschinken damit übergießen und weitere 30 Minuten backen. Herausnehmen, etwas abkühlen lassen und mit Staubzucker bestäubt servieren.

Wenn es schnell gehen soll, können die Palatschinken einfach mit Marmelade gefüllt serviert werden.

BUCHWEIZENTORTE MIT PREISELBEEREN

Der nussig-fruchtige Kuchen ist einer der vielen feinen Südtiroler Spezialitäten. Buchweizen ist zwar kein echtes Getreide, kann aber ähnlich verwendet werden und ist zudem glutenfrei, so wie die Torte. Das Pseudogetreide stellt kaum Ansprüche an den Boden und wächst dort gut in den Hochlagen. Früher galt es daher als Arme-Leute-Essen. In Südtirol »Schwarzplenten« genannt, wird Buchweizen in vielen traditionellen herzhaften und süßen Gerichten wie Knödel, Suppe oder Buchweizenschmarrn verwendet.

ZUBEREITUNG: 20 Minuten
BACKZEIT: 40 Minuten

FÜR 1 KUCHEN

1 kleiner Apfel
6 Eier (zimmerwarm, Gr. M)
1 Prise Salz
200 g weiche Butter
150 g Zucker
200 g geriebene Haselnüsse
250 g Buchweizenmehl
2 TL Backpulver

Für die Füllung
200 g Wild-Preiselbeeren (aus dem Glas; s. auch Rezept Seite 85)

Außerdem
1 Springform (Ø 24 cm)
Butter und Mehl für die Form
Staubzucker

1. Den Backofen auf 180 °C vorheizen (s. Tipp Seite 60). Die Springform einfetten und bemehlen.

2. Den Apfel schälen, vierteln, vom Kerngehäuse befreien und grob raspeln, dann ausdrücken. Die Eier trennen und die Eiweiße mit Salz steif schlagen, den Eischnee beiseitestellen.

3. Die Butter mit dem Zucker schaumig schlagen. Die Eigelbe nach und nach unterrühren.

4. Buchweizenmehl, Haselnüsse und Backpulver vermischen. Die Mehlmischung und den geriebenen Apfel abwechselnd zur Butter-Zucker-Eigelb-Masse geben und alles zu einem homogenen Teig verarbeiten. Zuletzt den Eischnee unterheben.

5. Den Teig in die Form füllen und auf der mittleren Schiene im Backofen ca. 45 Minuten backen. Am Ende eine Stäbchenprobe durchführen. Wenn kein Teig am Holzstäbchen klebt, dann ist der Kuchen fertig.

6. Auf einem Kuchengitter abkühlen lassen. Den Kuchen horizontal halbieren und die Preiselbeeren auf den unteren Boden streichen. Mit der oberen Kuchenhälfte abdecken. Mit Staubzucker bestreut servieren.

ZWETSCHGEN-DATSCHI MIT HASELNUSS-STREUSELN

Der Datschi, ein flacher, mit Zwetschgen belegter Blechkuchen, hat in Bayern Tradition. Je nach Region besteht er aus Hefeteig oder Mürbteig, mit oder ohne Streuseln oder einfach nur mit etwas Zucker bestreut. In Österreich ist er als Zwetschkenfleck bekannt.

ZUBEREITUNG: 40 Minuten
GEHZEIT: 90 Minuten
BACKZEIT: 35 Minuten

FÜR 1 BLECH

Für den Hefeteig
250 g Dinkelvollkornmehl
250 g helles Dinkelmehl (Type 630)
250 ml Milch
12 g frische Hefe
2 EL Zucker
1 Prise Salz
1 Eigelb (Gr. M)
50 g weiche Butter
80 g Zucker
1,2 kg Zwetschgen

Für die Streusel
120 g Haferflocken
60 g gemahlene Haselnüsse
40 g Zucker
2 TL Zimt
80 g kalte Butter, in Stückchen

Außerdem
Butter zum Fetten
Mehl zum Arbeiten

1. Die Mehle in einer großen Schüssel vermischen. Die Milch erhitzen, bis sie lauwarm ist. Die Hefe hineinbröseln, den Zucker zugeben und alles verrühren. In die Mitte des Mehls eine Mulde drücken, die Hefemischung hineingießen und mit etwas Mehl vom Rand in der Mulde zu einem Vorteig verrühren. Zugedeckt an einem warmen Ort 15 Minuten gehen lassen.

2. Anschließend Salz, Eigelb, Butter und Zucker zugeben und mit den Händen oder den Knethaken eines Handrührgeräts zu einem geschmeidigen Teig verarbeiten. Zugedeckt an einem warmen Ort nochmals 1 Stunde gehen lassen.

3. Ein Backblech einfetten. Den Teig kräftig durchkneten und auf einer bemehlten Arbeitsfläche in Blechgröße ausrollen. Auf das Blech legen, die Ränder hochziehen und nochmals zugedeckt an einem warmen Ort 15 Minuten gehen lassen.

4. Währenddessen den Backofen auf 200 °C vorheizen (s. Tipp Seite 60). Die Zwetschgen waschen, halbieren und entsteinen. Für die Streusel die Haferflocken fein mahlen. Mit Haselnüssen, Zucker, Zimt und Butter in eine Schüssel geben. Mit den Händen rasch zu Streuseln verkneten. Kalt stellen.

6. Die Zwetschgen mit der Schnittfläche nach oben in den Teig drücken. Die Streusel darauf verteilen und den Kuchen auf der mittleren Schiene ca. 35 Minuten backen, bis die Teigränder goldbraun sind. Auf dem Blech abkühlen lassen.

Eiweiß übrig?
2 Eiweiße mit 1 Prise Salz steif schlagen. ½ TL Zitronensaft und 100 g feinen Zucker nach und nach einrieseln lassen und 8-10 Minuten weiterschlagen, bis das Eiweiß sehr steif und glänzend ist. Den Backofen auf 100 °C (Ober-/Unterhitze) vorheizen. Die Baisermasse in Spritzbeutel füllen und in gewünschter Form auf das Backpapier spritzen. Je nach Größe der Baisers 60–90 Minuten trocknen lassen.

PREISELBEER-ROSMARIN-SPRITZ

ZUBEREITUNG: 10 Minuten
BACKZEIT: 40 Minuten

FÜR 2 PERSONEN

40 ml Preiselbeer-Sirup (s. Rezept
    unten, alternativ Fertigprodukt)
500 ml Mineralwasser
2 Zweige Rosmarin
frische Preiselbeeren, nach Belieben

Den Sirup mit Mineralwasser mischen und auf zwei Gläser verteilen. Je ein Zweig Rosmarin und nach Belieben frische Preiselbeeren zufügen.

Für eine alkoholische Variante die Menge des Mineralwassers halbieren, mit dem Sirup auf zwei Gläser verteilen und mit je ¼ l Prosecco oder Weißwein aufgießen.

PREISELBEER-SIRUP

ZUBEREITUNG: 20 Minuten
ZIEHZEIT: 3 Tage

FÜR CA. 1 L

400 g Preiselbeeren
1 Bio-Zitrone
400 g Zucker
5 g Zitronensäure

1. Die Preiselbeeren verlesen, waschen und vorsichtig trocken tupfen. Die Zitrone heiß abspülen und in Scheiben schneiden. In einem Topf den Zucker mit 700 ml Wasser aufkochen, bis sich der Zucker aufgelöst hat.

2. Preiselbeeren, Zitronenscheiben und -säure sowie den Zuckersirup (vorsichtig, heiß!) in ein hitzebeständiges Gefäß geben. Ohne Deckel auskühlen lassen. Dann verschließen und an einem kühlen Ort 3 Tage ziehen lassen. Abseihen und den Sirup nochmals aufkochen. In sterile Flaschen abfüllen.

Die Zitronensäure sorgt für eine längere Haltbarkeit und einen erfrischenden Geschmack. Sie kann aber auch weggelassen werden.
    Mehr zum Sammeln und Haltbarmachen von Preiselbeeren findest du auf Seite 84.

WINTERLIED DER MEISE

Wo auf winterlicher Flur
Noch kein Hälmlein zu erschauen,
Mahnt vom Walde her eine Meise,
Auf die Sonne zu vertrauen,
Die für eine Weile nur
Uns entwandert auf der Reise.

MARTIN GREIF
(1839–1911)

WINTER

Kristallklare Luft, strahlend blauer Himmel und der Schnee knirscht unter den Schuhen. Der Winter hat Einzug gehalten. Mit einer Thermoskanne, gefüllt mit heißem Apfel-Fichten-Punsch (Seite 138) und einem nährenden Früchtebrot mit Äpfeln, Kletzen und Nüssen (Seite 135) machen wir einen herrlichen Ausflug in die Winterlandschaft.

Durch den glitzernden Schnee stapfen wir zur Almhütte und unser Blick schweift über die verschneiten Nadelbäume und Berggipfel. Dort genießen wir unseren wärmenden Punsch, lehnen uns zurück und lassen uns von der Wintersonne ein Lächeln ins Gesicht zaubern.

GERÖSTETE KARFIOLSUPPE MIT ROHNEN-CHIPS

Die Suppe wärmt an kalten Wintertagen den Magen. Durchs Rösten im Ofen bekommt der Blumenkohl ein besonders würziges Aroma. Und die Rohnen-Chips sorgen für tolle Farbtupfer und einen feinen Crunch.

ZUBEREITUNG: 40 Minuten
BACKZEIT: 50 Minuten

FÜR 4 PERSONEN

1 Karfiol
1 Zwiebel
1 Knoblauchzehe
2 EL Olivenöl
Salz
Pfeffer
800 ml Gemüsebrühe
200 ml Crème fraîche
frisch geriebene Muskatnuss

Für die Rohnen-Chips
2 Rohnen
2 EL Olivenöl
Salz
Pfeffer

1. Den Backofen auf 140 °C (Umluft) vorheizen. Die Rohnen gründlich waschen, nach Belieben schälen und in 1–2 mm dünne Scheiben hobeln. Mit Öl, Salz und Pfeffer mischen. Auf zwei Backblechen verteilen und im Backofen 40–50 Minuten trocknen lassen.

2. Die Backofentemperatur auf 180 °C erhöhen. Den Karfiol waschen, putzen und die Röschen in Scheiben schneiden. Zwiebel und Knoblauch schälen und grob zerkleinern. Karfiol, Zwiebel und Knoblauch mit dem Olivenöl mischen. Auf einem Backblech verteilen und mit Salz und Pfeffer würzen. Im Backofen auf der mittleren Schiene 20 Minuten backen.

3. Die Gemüsebrühe in einem Topf erhitzen. Einige Scheiben Karfiol im Backofen warm halten. Das restliche Gemüse zur Brühe geben und pürieren. Die Crème fraîche unterrühren, nochmals aufkochen und die Suppe mit Salz, Pfeffer und Muskatnuss abschmecken.

4. Die Suppe in Schalen füllen und die Karfiolscheiben aus dem Ofen darauf verteilen. Mit den Rohnen-Chips garniert servieren.

Die Gemüsechips schon vorab zubereiten und luftdicht verschlossen aufbewahren.

CREMIGE POLENTA MIT WURZELGEMÜSE UND GERÖSTETEN HASELNÜSSEN

»Knödel, Nocken, Nudeln und Plenten, das sind die vier Tiroler Elementen.«
Dieses alte Sprichwort beschreibt die frühere bäuerliche Küche sehr gut,
denn noch heute sind diese Gerichte eine feste kulinarische Tradition
in Nord-, Ost- und Südtirol. Plenten bedeutet Polenta,
die neben Schwarzplenten (Buchweizen, Seite 102)
nicht auf dem Speiseplan fehlen darf.

ZUBEREITUNG: 30 Minuten
BACKZEIT: 20 Minuten

FÜR 2 PERSONEN

2 kleine Rohnen
1 große Pastinake
2 große Karotten
2 EL Olivenöl
2 EL Honig
1 TL gemahlener Kreuzkümmel
Salz
Pfeffer
20 g Haselnüsse
1 EL Rosmarinnadeln
   (frisch oder getrocknet)

Für die Polenta
125 g fein gemahlener Maisgrieß
   (Polenta)
2 EL Olivenöl
frisch geriebene Muskatnuss
Salz
Pfeffer

1. Den Backofen auf 200 °C (Ober-/Unterhitze) vorheizen (s. Tipp Seite 60).

2. Rohnen, Pastinake und Karotten gründlich waschen, nach Belieben schälen. Das Gemüse längs in Spalten schneiden.

3. Olivenöl, Honig und Kreuzkümmel verrühren und mit dem Gemüse vermischen. Mit Salz und Pfeffer würzen. Das Wurzelgemüse auf dem Backblech verteilen und im Backofen auf der mittleren Schiene 20 Minuten backen. Zwischendurch kontrollieren und bei Bedarf wenden.

4. Währenddessen die Haselnüsse grob hacken und in einer Pfanne ohne Fett rösten, bis sie duften. Die Rosmarinnadeln klein hacken.

5. Für die Polenta 700 ml Wasser erhitzen. Den Maisgrieß einrühren und 2 Minuten unter Rühren kochen. Vom Herd nehmen, das Olivenöl einrühren und mit Muskat, Salz und Pfeffer abschmecken. Abgedeckt 5 Minuten quellen lassen.

6. Die Polenta mit dem Wurzelgemüse anrichten. Mit den gerösteten Haselnüssen und Rosmarin bestreuen und servieren.

HERZHAFTE KRAUTKRAPFEN

Winterzeit ist Kohlzeit, da passen die Krautkrapfen wunderbar –
ein traditionelles Gericht der Allgäuer Alpenküche. Die würzigen Krapfen
sind eigentlich Nudelschnecken, die mit saftigem Sauerkraut gefüllt
und in Brühe gebacken werden.

ZUBEREITUNG: 30 Minuten
RUHEZEIT: 30 Minuten
BACKZEIT: 40 Minuten

FÜR 12 STÜCK

200 g helles Dinkelmehl (Type 630)
½ TL Salz
2 Eier (Gr. M)
1 TL neutrales Öl
1 Zwiebel
60 g Butter
500 g frisches Sauerkraut
2 Lorbeerblätter
4 Wacholderbeeren
1 l heiße Gemüsebrühe
Salz
Pfeffer
½ Bund Schnittlauch

Außerdem
Mehl zum Arbeiten
ofenfeste Form

1. Das Mehl auf eine Arbeitsfläche sieben, in die Mitte eine Mulde drücken. Salz, Eier und Öl hineingeben. Alles zu einem glatten Teig verarbeiten, bei Bedarf 1 EL kaltes Wasser zufügen. Den Teig zu einer Kugel formen und unter einer umgestülpten Schüssel 30 Minuten ruhen lassen.

2. Inzwischen die Zwiebel schälen und fein hacken. 1 EL Butter in einem Topf zerlassen und die Zwiebel anschwitzen. Das Kraut, Lorbeerblätter, Wacholderbeeren und 125 ml Gemüsebrühe dazugeben. Bei kleiner Hitze ca. 15 Minuten köcheln lassen, zwischendurch umrühren. Mit Salz und Pfeffer würzen. Anschließend das Kraut über einem Sieb abtropfen lassen, Lorbeerblätter und Wacholderbeeren entfernen.

3. Den Nudelteig auf einer leicht bemehlten Arbeitsfläche dünn zu einem etwa 45 x 50 cm großen Rechteck ausrollen. Das abgetropfte Kraut gleichmäßig darauf verteilen, die Ränder etwas frei lassen. Von der Längsseite her aufrollen, den oberen Teigrand anfeuchten und gut andrücken.

4. Den Backofen auf 160 °C (Umluft) vorheizen (s. Tipp Seite 60). Die restliche Butter zerlassen und die Form ausfetten. Die Teigrolle in ca. 4 cm dicke Stücke schneiden und flach locker nebeneinander in die Form setzen. Mit der restlichen heißen Brühe aufgießen, bis die Krautkrapfen knapp bedeckt sind. Mit der zerlassenen Butter bestreichen. Im Backofen auf der mittleren Schiene 35–40 Minuten backen.

5. Den Schnittlauch in Röllchen schneiden und über die Krautkrapfen streuen. Sofort servieren.

RAHM-WIRSING
MIT SELBST GEMACHTEN SCHUPFNUDELN

**Ein wärmendes Gericht, das den Geschmack des Winters auf den Teller bringt.
Der krause Kohl hat im Winter Hochsaison. Mit seinem feinen, zarten Geschmack
kann der Wirsing auch roh, z. B. in Salaten, gegessen werden.**

ZUBEREITUNG: 60 Minuten
KOCHZEIT: 40 Minuten
   plus Abkühlen

 FÜR 4 PERSONEN

800 g mehligkochende Erdäpfel
Salz
2 Eier (Gr. M)
Pfeffer
frisch geriebene Muskatnuss
125 g helles Dinkelmehl (Type 630)
1 kg Wirsing
1 Zwiebel
1 EL Butter
1 EL Rapsöl
250 ml Schlagrahm

Außerdem
Mehl zum Arbeiten
Butterschmalz zum Braten

1. Die Erdäpfel waschen, in einen Topf geben und mit Wasser bedecken. Salzen und zugedeckt bei mittlerer Hitze 25–30 Minuten gar kochen. Abgießen, ausdampfen lassen und noch heiß schälen. Abkühlen lassen.

2. Die Erdäpfel reiben oder durch eine Presse in eine Schüssel drücken. Die Eier, 1 TL Salz, Pfeffer und Muskat zugeben. Alles rasch verkneten. Das Mehl zugeben und rasch zu einem glatten Teig verarbeiten. Nicht zu lange kneten, sonst wird der Teig klebrig. Den Teig auf einer bemehlten Arbeitsfläche zu einer großen, ca. 5 cm dicken Rolle formen und diese in 1 cm dünne Scheiben schneiden. Mit bemehlten Händen zu kleinen, fingerlangen Würstchen drehen, die am Ende spitz zulaufen.

3. Reichlich Salzwasser zum Kochen bringen. Die Schupfnudeln bei kleiner Hitze 2 Minuten ziehen lassen. Herausnehmen, in kaltes Wasser tauchen und anschließend abtropfen lassen.

4. Den Wirsing putzen, vierteln und den Strunk entfernen. Die Viertel quer in feine Streifen schneiden. Die Zwiebel schälen und fein hacken. In einem Topf Butter und Öl erhitzen und die Zwiebel anschwitzen. Den Wirsing zufügen, mit Salz, Pfeffer und Muskat würzen. Zugedeckt bei kleiner Hitze 5–8 Minuten dünsten, bei Bedarf etwas Wasser zugießen. Den Schlagrahm hinzufügen, aufkochen und weitere 5 Minuten offen köcheln lassen. Nochmals abschmecken.

5. Inzwischen in einer Pfanne Butterschmalz erhitzen und die Schupfnudeln portionsweise rundherum goldbraun anbraten. Den Rahmwirsing mit Schupfnudeln servieren.

SÄMIGES DINKELRISOTTO MIT KÜRBIS UND KNUSPER-GRÜNKOHL

**Dinkelkörner sind eine prima heimische Alternative zu Reis
und eignen sich gut für Risottos, Suppen oder Gemüsefüllungen.**

ZUBEREITUNG: 35 Minuten
BACKZEIT: 25 Minuten

FÜR 2 PERSONEN

300 g Grünkohl
5 EL Olivenöl
1 TL Paprikapulver, edelsüß
Salz
Pfeffer
1 kleine Zwiebel
1 Knoblauchzehe
½ Butternut-Kürbis (ca. 400 g)
150 g Dinkelreis
500 ml heiße Gemüsebrühe
2 EL Butter
50 g geriebener Bergkäse
frisch geriebene Muskatnuss

1. Für den Knusper-Grünkohl den Backofen auf 140 °C (Umluft) vorheizen (s. Tipp Seite 60). Den Grünkohl waschen, trocken schütteln und vom dicken Stiel befreien. Die Blätter in kleine Stücke zupfen.

2. Mit 3 EL Olivenöl, Paprikapulver, Salz und Pfeffer würzen. Auf zwei Backblechen verteilen und im Ofen 20–25 Minuten trocknen.

3. Für das Risotto Zwiebel und Knoblauch schälen und fein hacken. Den Kürbis schälen, entkernen und klein würfeln.

4. In einem Topf das restliche Olivenöl erhitzen. Zwiebel und Knoblauch andünsten. Den Dinkel zugeben und kurz mitbraten. Den Kürbis zufügen. Nach und nach die Gemüsebrühe zugießen. Dabei sollte der Dinkel die Flüssigkeit aufgenommen haben, bevor die nächste Portion dazugegossen wird. Alles 20–25 Minuten bei schwacher Hitze garen, dabei gelegentlich umrühren.

5. Die Butter und den Käse unter das Risotto rühren und mit Muskat, Salz und Pfeffer abschmecken. Das Risotto auf Teller geben und den Knusper-Grünkohl darüber verteilen.

Dinkelreis ist entspelzter, leicht geschliffener Dinkel. Das Einweichen ist im Vergleich zu normalen Dinkelkörnern nicht notwendig, zudem ist die Garzeit bei Dinkelreis mit etwa 25 Minuten kürzer.
Anstatt Grünkohl eignen sich auch Wirsing- oder Rosenkohlblätter für Gemüsechips.

DIE RAUNÄCHTE

Die Raunächte bezeichnen die Zeit zwischen Weihnachten und dem 6. Januar. Für diese Nächte zwischen den Jahren existieren in vielen Kulturen zahlreiche Bräuche, Mythen und Rituale. Je nach Region beginnen die Raunächte bereits in der Thomasnacht am 21. Dezember. Je nach Sonnenstand ist diese Nacht auch die längste Nacht des Jahres, die Wintersonnenwende (21. oder 22. Dezember), und symbolisiert die Wiedergeburt des Lichts. Ab jetzt werden die Tage wieder länger und heller und die Helligkeit kehrt nach und nach zurück.

Zum genauen Ursprung der Raunächte gibt es viele Vermutungen. Die Bräuche sind teilweise schon viele Jahrhunderte alt und faszinierten die Menschen bereits vor Christi Geburt. Die Zeit zwischen den Jahren ist vom Wandel geprägt und die Tage sind kurz, die Nächte umso länger. Dem Volksglauben nach ist in dieser Zeit die Schwelle zwischen dem Diesseits und dem Jenseits niedrig – nicht verwunderlich, dass sich daher Rituale und Bräuche entwickelten, um sich vor bösen Geistern zu schützen und Schutz und Segen fürs kommende Jahr zu erbeten.

Die Zukunft beeinflussen

So sollte zwischen den Jahren beispielsweise keine Wäsche aufgehängt werden, da sich die Geister darin verfangen könnten. Ein Leinentuch auf der Wäscheleine konnte gar als Vorbote für Todesfälle gedeutet werden, da es an ein Leichentuch erinnerte. Und natürlich waren die Raunächte auch eine Zeit für Wahrsagerei, denn man wollte einen Blick in die Zukunft wagen. So gab es beispielsweise den Brauch des »Schlapfenwerfens« in der Thomasnacht.

Mädchen wollten erfahren, ob sie im kommenden Jahr heiraten würden. Also warfen sie einen Hausschuh hinter sich. Wenn die Spitze Richtung Tür zeigt, dann hieß es, dass sie das Haus verlassen würden. Und in Form von Bauernregeln war jede Nacht der Raunächte bestimmend für das Wetter der kommenden zwölf Monate.

Gegen Geister

Außerdem wird vermutet, dass die Herkunft der Bezeichnung »Raunacht« auf rau, pelzig oder haarig zurückgeführt werden kann. Denn eine lange Tradition im Alpenraum in dieser Zeit haben die Perchten, die nicht zu verwechseln sind mit dem modernen Krampuslauf zur Adventszeit: Der Sage nach zieht Frau Percht, eine Wintergöttin, mit ihrem Gefolge über das Land – in Pelze gehüllt und mit gruseligen Tiermasken vertreiben sie mit Glocken, Trommeln und Lärm die bösen Geister und bringen Glück fürs neue Jahr.

Das Ritual des Räucherns

Es ist aber auch denkbar, dass sich die Raunächte vom Brauch des Räucherns ableiten. Das Räuchern ist in vielen ländlichen Regionen zu dieser Zeit weit verbreitet, aber auch in anderen Teilen der Welt und in anderen Religionen gibt es Räucherrituale: Indigene Völker in Amerika räucherten, um in Kontakt mit Mutter Erde zu sein. Im Hinduismus und Buddhismus gehört das tägliche Entzünden von Räucherstäbchen zur religiösen Praxis.

Im Alpenraum wird die Tradition des Ausräucherns noch immer gelebt. Von besonderer Bedeutung sind dabei die Nächte am Heiligen Abend, an Silvester und am Abend vor dem Dreikönigstag. Mit dem Räuchern wollen die Menschen seit jeher Unheil von Familie, Haus und Hof abwenden und böse Geister vertreiben. Als Räucherbasis werden die getrockneten Kräuter des Kräuterbuschen (Seite 50) aus dem Sommer, Harze wie Fichten-, Zirben- und Lärchenpech und Weihrauch verwendet. Die Räucherpfanne wird gemeinsam mit der Familie durch die Zimmer des Hauses und durch den Stall getragen und auch eine Hausumrundung gehört dazu.

Räuchern – so geht's

Das Räuchern ist gerade in den letzten Jahren wieder sehr populär geworden und die Raunächte laden dazu ein, eine Pause vom Alltag zu machen. Denn sie sind auch eine Zeit der inneren Einkehr und des Nachdenkens und gerade nach den turbulenten Advents- und Weihnachtstagen bieten sie die Gelegenheit, das alte Jahr abzuschließen und sich aufs neue Jahr einzustimmen.

Im Internet findest du viele Anleitungen und Tipps zum Räuchern und Durchführen von Räucherzeremonien. Egal für was du dich entscheidest, es sollte für dich stimmig sein.

Wir nutzen zum Räuchern eine Räucherpfanne. Diese füllst du mit Sand und entzündest darauf ein Stück Räucherkohle. Hier ist es wichtig, dass du die Kohle erst aufrecht in den Sand steckst, damit sie gleichmäßig heiß wird. Sobald sie mit einer weißlichen Ascheschicht bedeckt ist, kannst du nun dein zerkleinertes Räucherwerk wie Kräuter, Harze und Weihrauch darauflegen. Nun beginnst du mit dem Räuchern. Nimm dir Zeit für dich und für dein Räucherritual.

Ob du eine spezielle Räuchermischung kaufst oder wie wir die getrockneten Blüten und Pflanzen des Kräuterbuschen verwendest, ist dir überlassen. Jedes Kraut hat seine eigene Heilwirkung und entfaltet beim Entzünden seinen speziellen Duft.

Achtung: Anschließend musst du alle Fenster öffnen, bis die Luft wieder klar ist.

ROHNEN-SPÄTZLE MIT LINSEN-BOLOGNESE

Spätzle sind ein kulinarisches Highlight der Alpenregion. Sie werden hier mit Rohnen aromatisiert und bekommen dadurch auch eine tolle Farbe. Mit der Linsensauce entsteht ein besonderes Schmankerl.

ZUBEREITUNG: 50 Minuten

FÜR 4 PERSONEN

1 Zwiebel
1 Knoblauchzehe
2 Karotten
2 Stangen Staudensellerie
150 g Rohnen (gekocht)
2 EL Olivenöl
1 EL Tomatenmark
150 g Berglinsen
500 ml Gemüsebrühe
Salz
Pfeffer

Für die Spätzle
150 g Rohnen (gekocht)
400 g griffiges Mehl (Spätzlemehl)
4 Eier (Gr. M)
1 TL Salz
frisch geriebene Muskatnuss
1 Handvoll Salbeiblätter

Außerdem
Butter zum Braten

1. Für die Bolognese Zwiebel und Knoblauch schälen und fein hacken. Die Karotten schälen. Den Staudensellerie waschen und ggf. harte Fäden abziehen. Karotten und Sellerie klein würfeln. Die Rohnen ebenfalls klein würfeln und beiseitestellen.

2. Das Öl in einem großen Topf erhitzen, Zwiebel und Knoblauch anschwitzen. Karotten und Sellerie zugeben und kurz anbraten. Tomatenmark und Linsen zufügen und mit Gemüsebrühe aufgießen. Mit Salz und Pfeffer würzen. Alles zugedeckt bei kleiner Hitze 30 Minuten köcheln lassen, zwischendurch umrühren. Am Ende der Garzeit die Rohnen unterrühren und warm werden lassen. Alles noch mal abschmecken.

3. Für die Spätzle die Rohnen klein würfeln und pürieren. Das Mehl mit Eiern, Salz, Muskat und pürierten Rohnen in einer Schüssel zu einem glatten, zähflüssigen Teig verrühren. Den Teig mit einem Kochlöffel so lange schlagen, bis er Blasen bildet, dann 5 Minuten ruhen lassen.

4. In einem Topf reichlich Salzwasser zum Kochen bringen. Den Teig mit der Spätzlepresse in das kochende Wasser drücken. Sobald die Spätzle an der Oberfläche schwimmen, mit einem Schaumlöffel abschöpfen.

5. In einer Pfanne Butter zerlassen und die gekochten Spätzle darin schwenken. Den Salbei waschen, trocken tupfen und untermischen. Die Spätzle auf Teller verteilen und mit der Linsen-Bolognese servieren.

KNÖDEL-TRIS

ZUBEREITUNG: 60 Minuten
RUHEZEIT: 30 Minuten
KOCHZEIT: 15 Minuten

FÜR CA. 8 STÜCK

Grundrezept für 8 Semmelknödel

1 Zwiebel
20 g Butter
250 g Knödelbrot oder Semmelwürfel
ca. 125 ml lauwarme Milch (für die
    Spinatknödel 80–100 ml)
3 Eier (Gr. M)
Salz, Pfeffer

Für 8 Spinatknödel zusätzlich

500 g Blattspinat
1 Knoblauchzehe
1 Zwiebel
2 EL Olivenöl

Für 8 Rohnenknödel zusätzlich

250 g gekochte Rohnen
frisch geriebene Muskatnuss

Für 8 Käseknödel zusätzlich

100 g Käse (z. B. Bergkäse, Tilsiter,
    auch verschiedene Reste)
4 Stängel Petersilie

Zum Servieren

100 g Butter
Schnittlauchröllchen
geriebener Hartkäse (nach Belieben)

Außerdem

Dampfeinsatz, Öl zum Bepinseln

1. Für die Spinatknödel den Spinat gründlich waschen und trocken schütteln. Knoblauch und Zwiebel schälen und fein hacken. In einem großen Topf das Olivenöl erhitzen und Zwiebel und Knoblauch anschwitzen. Den Blattspinat zufügen und zusammenfallen lassen. Kurz abkühlen lassen, den Spinat sehr gut ausdrücken und passieren (ggf. klein schneiden).

2. Für die Rohnenknödel die gekochten Rohnen grob zerkleinern und fein pürieren.

3. Für die Käseknödel den Käse klein würfeln. Die Petersilie waschen, trocken schütteln und fein hacken.

4. Für den Grundteig die Zwiebel schälen und fein hacken. Die Butter in einem Topf schmelzen und die Zwiebel glasig anschwitzen. Vom Herd nehmen. In einer Schüssel das Knödelbrot mit Zwiebel, lauwarmer Milch und verquirlten Eiern mischen. Mit Salz und Pfeffer würzen.

5. Je nach die Knödelsorte den passierten Spinat, die pürierten Rohnen und etwas Muskat oder die Käsewürfel und Petersilie untermischen.

6. Die Knödelmasse 30 Minuten zugedeckt ruhen lassen. In jeweils acht Portionen teilen und mit feuchten Händen Knödel formen. Wenig Wasser in einem Topf zum Kochen bringen. Den Dampfeinsatz mit Öl bepinseln, in den Topf stellen und die Knödel darin verteilen. Zugedeckt 12–15 Minuten dämpfen, so bleiben Farbe und Geschmack optimal erhalten (s. auch Tipp Seite 95).

7. Zum Servieren die Butter zerlassen. Die Knödel mit Butter übergießen und mit Schnittlauch bestreuen. Nach Belieben mit geriebenem Käse servieren.

Am besten gleich eine größere Menge machen und einen Teil der rohen Knödel einfrieren und bei Bedarf auftauen.

Beim Kochen im siedenden Wasser empfiehlt es sich, zunächst einen Probeknödel zu machen. Zerfällt er im Wasser, noch etwas Semmelbrösel unter die Masse mischen.

REIBERDATSCHI MIT APFELMUS

Ob nun Kartoffel- oder Erdäpfelpuffer, Reibekuchen oder Rösti genannt,
goldbraun kross gebacken und mit selbst gemachtem Apfelmus serviert,
schmecken sie am besten. Aber auch herzhaft mit Sauerkraut sind sie sehr fein.
Gemüsepuffer eigenen sich übrigens prima für die Resteverwertung:
Einfach die Hälfte der Erdäpfel durch Sellerie, Pastinaken, Karotten
oder Zucchini ersetzen und mit einem Kräuterquark servieren.

ZUBEREITUNG: 40 Minuten

FÜR 2 PERSONEN

500 g vorwiegend festkochende
   Erdäpfel
1 kleine Zwiebel
1 TL Speisestärke
1 Ei (Gr. M)
Salz
Pfeffer

Für das Apfelmus
500 g Äpfel
1 Spritzer Zitronensaft

Außerdem
Butterschmalz zum Braten

1. Für das Apfelmus die Äpfel schälen, vom Kerngehäuse befreien und würfeln. Apfelwürfel, 100 ml Wasser und Zitronensaft in einen Topf geben und bei mittlerer Hitze zugedeckt 15–20 Minuten köcheln lassen. Dabei gelegentlich umrühren. Nach Belieben pürieren für eine kompott- oder musartige Konsistenz.

2. Die Erdäpfel schälen, fein reiben und in ein Sieb geben. Die Masse gut ausdrücken und in eine Schüssel abtropfen lassen. Die Zwiebel schälen und zu den Erdäpfeln reiben. Alles mit Speisestärke und Ei verrühren und mit Salz und Pfeffer würzen.

3. Das Butterschmalz in einer Pfanne erhitzen. Den Teig portionsweise mit einem Löffel hineingeben und flachdrücken. Die Reiberdatschi bei mittlerer Hitze portionsweise von beiden Seiten 4–6 Minuten knusprig braten, dabei einmal wenden. Die fertigen Puffer aus der Pfanne nehmen und auf einem Küchentuch abtropfen lassen. Im heißen Backofen (80 °C Umluft) warm halten. Mit dem Apfelmus servieren.

Apfelmark oder Apfelmus?
Apfelmark enthält keinen zugesetzten Zucker. Die Süße stammt ausschließlich aus dem fruchteigenen Zucker der Äpfel. Apfelmus dagegen kann zusätzlich gesüßt sein.

APFELSTRUDEL MIT VANILLESAUCE

Ein knuspriger Strudelteig, eine saftige Füllung aus Äpfeln und dazu
eine warme Vanillesauce – so schmeckt der klassische Apfelstrudel am besten.
Und keine Sorge vor dem selbst gemachten Strudelteig! Der Teig sollte glatt
und geschmeidig sein und bei Raumtemperatur ruhen. Beim Ausziehen
mit Geduld und Feingefühl arbeiten, dann kann nichts schiefgehen.

ZUBEREITUNG: 60 Minuten
RUHEZEIT: 30 Minuten
BACKZEIT: 40 Minuten

FÜR 1 STRUDEL

350 g Weizenmehl
1 TL Salz
3 EL neutrales Pflanzenöl
1 TL Essig
1,5 kg säuerliche Äpfel (z. B. Boskop)
120 g Butter
100 g Semmelbrösel
4 EL Zucker
½ TL gemahlener Zimt

Für die Vanillesauce

1 Vanilleschote
400 ml Milch
2 frische Eigelb (Gr. M);
    s. Tipp Seite 104
50 g Zucker
1 EL Maisstärke

Außerdem

sauberes Geschirrtuch
Mehl zum Arbeiten
Staubzucker zum Bestäuben

1. Für den Teig das Mehl auf eine Arbeitsfläche sieben, in die Mitte eine Mulde drücken. Salz, 2 EL Öl und Essig hineingeben. Nach und nach 160 ml lauwarmes Wasser hinzufügen und alles zu einem glatten Teig verarbeiten. Den Strudelteig etwas 15 Minuten kneten, bis er seidig glänzt. Zu einer Kugel formen, mit dem übrigen Öl einreiben und unter einer Schüssel 30 Minuten ruhen lassen.

2. Inzwischen die Äpfel schälen, vierteln, vom Kerngehäuse befreien und in dünne Scheiben schneiden. Zucker und Zimt mischen und unter die Äpfel heben. In einer Pfanne 100 g Butter schmelzen, die Semmelbrösel dazugeben und unter Rühren goldbraun rösten. Beiseitestellen. Die restliche Butter schmelzen.

3. Den Backofen auf 180 °C (Umluft) vorheizen (s. Tipp Seite 60). Ein Backblech mit Backpapier auslegen. Auf einem bemehlten Geschirrtuch den Teig so dünn wie möglich ausrollen. Dann mit bemehlten Handrücken den Teig vorsichtig anheben und langsam von der Mitte nach außen ziehen, bis er durchscheinend ist. Den Teig mit der Hälfte der zerlassenen Butter einpinseln. Die Butterbrösel darauf verteilen, einen Rand frei lassen. Die Äpfel verteilen und die Seitenränder einschlagen. Den Strudel mithilfe des Tuchs von der Längsseite her aufrollen und mit der Naht nach unten auf das Backpapier legen. Mit der restlichen Butter einpinseln. Auf der mittleren Schiene im Backofen 30–40 Minuten backen.

4. Für die Vanillesauce die Vanilleschote längs aufschlitzen, das Mark herauskratzen. Milch, Mark und Schote in einen Topf geben und unter Rühren aufkochen.

5. In einer Schüssel die Eigelbe mit Zucker und Maisstärke verrühren. Die heiße Vanillemilch langsam unter Rühren dazugießen. Alles zurück in den Topf geben und unter Rühren bis unter den Siedepunkt erhitzen, anschließend abseihen.

6. Den Apfelstrudel mit Staubzucker bestäuben und mit der warmen Vanillesauce servieren.

KAISERSCHMARRN
MIT PREISELBEEREN UND APFELMUS

**Was gibt es Schöneres, als auf einer gemütlichen Alm in den Bergen
einen fluffigen Kaiserschmarrn zu genießen. Mit dem Rezept schmeckt
der beliebte Hüttenklassiker auch daheim herrlich luftig. Den Schmarrn
mit Apfelmus, Preiselbeeren und ordentlich Staubzucker servieren!**

ZUBEREITUNG: 30 Minuten

FÜR 2 PERSONEN

4 Eier (Gr. M)
20 g Zucker
100 g Mehl
250 ml Milch
1 Prise Salz
6 EL Butter

Zum Servieren
Apfelmus (Rezept Seite 129)
Preiselbeeren (Rezept Seite 85)

Außerdem
Staubzucker zum Bestäuben

1. Die Eier trennen. Das Eiweiß mit dem Zucker zu cremigem Schaum schlagen. Das Mehl in eine Schüssel sieben. Eigelbe, Milch und Salz zufügen und zu einem glatten Teig verarbeiten. Den Eischnee nach und nach vorsichtig unterheben.

2. In einer großen beschichteten Pfanne 2 EL Butter schmelzen. Die Hälfte des Teigs hineingießen und glatt streichen. Bei mittlerer Hitze zugedeckt backen, bis die Unterseite gebräunt ist. Den Schmarrn wenden, die restliche Butter zufügen und zugedeckt bei schwacher Hitze in etwa 3–4 Minuten fertig backen. Dann den Teig mithilfe von zwei Gabeln oder Pfannenwendern in Stücke reißen. Den restlichen Teig genauso backen.

3. Den Kaiserschmarrn mit Staubzucker bestäuben und mit Apfelmus und Preiselbeeren servieren.

Auch anderes Obstkompott wie Zwetschgen- oder Aprikosenröster schmeckt gut zum Kaiserschmarrn.
   Der Teig lässt sich außerdem noch mit Rosinen verfeinern. Diese am besten über Nacht in Rum oder alkoholfrei mit Apfelsaft einweichen und vor dem Backen unter den Teig rühren.

FRÜCHTEBROT MIT ÄPFELN, KLETZEN UND NÜSSEN

Das saftige Früchtebrot ist vor allem in der Adventszeit sehr beliebt.
Kletzen – ganze gedörrte Birnen – sowie Äpfel, Kakao und Zimt
sorgen im Früchtebrot für eine wunderbar aromatische Süße.
Zucker oder Honig sind somit komplett überflüssig.

ZUBEREITUNG: 45 Minuten
BACKZEIT: 60 Minuten

FÜR CA. 20 SCHEIBEN

150 g Kletzen
900 g Äpfel
500 g Dinkelvollkornmehl
1 ½ EL Backpulver
1 EL Kakaopulver (ungesüßt)
1 TL Zimt
100 g Apfelmark (ungesüßt)
100 g Walnüsse
100 g Haselnüsse

Außerdem
1 Kastenform (ca. 30 x 12 cm)
Butter für die Form

1. Den Backofen auf 180 °C (Umluft) vorheizen (s. Tipp S. 60). Die Backform ausfetten. Die Kletzen in heißem Wasser einweichen. Die Äpfel waschen, vierteln, vom Kerngehäuse befreien und fein raspeln. In ein Sieb geben und die Flüssigkeit in eine Schüssel abtropfen lassen. Die Flüssigkeit beiseitestellen. Die Kletzen abgießen und klein schneiden.

2. Das Mehl mit Backpulver, Kakao und Zimt mischen. Die Apfelraspel und das Apfelmark zugeben und mithilfe einer Küchenmaschine oder mit den Knethaken des Handrührgeräts zu einem Teig verarbeiten. Bei Bedarf etwas von der Apfelflüssigkeit dazugießen. Zuletzt die Nüsse und Kletzen unterkneten.

3. Den Teig in die vorbereitete Form füllen und das Brot auf der mittleren Schiene ca. 60 Minuten backen. Am Schluss eine Garprobe machen. Das Brot 15 Minuten in der Form abkühlen lassen. Aus der Form nehmen und auf einem Kuchengitter vollständig auskühlen lassen.

Als Alternative zu Kletzen eignen sich auch getrocknete Aprikosen, Feigen oder Pflaumen.

Das Brot lässt sich in Scheiben geschnitten in einer Plastikdose oder -tüte einfrieren. Bei Bedarf die Scheiben einzeln herausnehmen und auftauen.

SPITZBUBEN

Sie heißen Spitzbuben oder Linzer Kekse und gehören zu den Plätzchen,
die zu Weihnachten nicht fehlen dürfen. Mit dem feinen, nussigen Mürbteig
und der fruchtigen Füllung sind sie einfach unwiderstehlich.

ZUBEREITUNG: 45 Minuten
KÜHLZEIT: 30 Minuten
BACKZEIT: 10 Minuten

FÜR CA. 40 STÜCK

120 g gemahlene Mandeln
½ TL gemahlene Vanille
300 g helles Dinkelmehl (Type 630)
1 Prise Salz
70 g Staubzucker
1 Ei (Gr. M)
250 g kalte Butter, in Stückchen
ca. 200 g Ribiselgelee

Außerdem
Mehl zum Arbeiten
Staubzucker zum Bestäuben

1. Für den Teig die gemahlenen Mandeln mit Vanille, Mehl, Salz und Zucker mischen. Das Ei und die Butter dazugeben und rasch zu einem geschmeidigen Teig verarbeiten. Zugedeckt 30 Minuten kühl stellen.

2. Den Backofen auf 180 °C (Umluft) vorheizen (s. Tipp Seite 60). Ein Backblech mit Backpapier auslegen.

3. Den gekühlten Teig kurz durchkneten, dann ca. 5 mm dick auf einer bemehlten Arbeitsfläche ausrollen. Mit Ausstechern Plätzchen ausstechen, die Hälfte davon mit einer Lochform.

4. Die Plätzchen auf das Backpapier legen und im Backofen ca. 8–10 Minuten backen. Aus dem Ofen nehmen und abkühlen lassen.

5. Das Ribiselgelee im Wasserbad erwärmen. Die Plätzchen ohne Loch damit bestreichen und die Loch-Plätzchen daraufsetzen. Mit Staubzucker bestreuen.

Wer kein Ribiselgelee bekommt, kann auch Himbeer- (am besten passiert) oder Marillenmarmelade verwenden.
In gut schließenden Dosen, am besten durch Papierlagen getrennt, können die Spitzbuben etwa 2 Wochen aufbewahrt werden.

HEISSER APFEL-FICHTEN-PUNSCH

Die frischen Fichtenzweige sorgen aufgrund ihrer ätherischen Öle für ein wunderbares Waldaroma. In der Kräuterheilkunde wird den Fichtennadeln eine desinfizierende, entzündungshemmende und schleimlösende Wirkung zugeschrieben.

ZUBEREITUNG: 10 Minuten
ZIEHZEIT: 30 Minuten

FÜR 4 GLÄSER

1 l naturtrüber Apfelsaft
4 frische kleine Fichtenzweige
4 Zimtstangen
4 Sternanis
2 Nelken
1 kleiner Apfel

Außerdem
Honig zum Süßen

1. Apfelsaft, Fichtenzweige und Gewürze in einen Topf geben. Zugedeckt langsam erhitzen und 30 Minuten ziehen lassen.

2. Den Apfel waschen und quer in dünne Scheiben hobeln oder schneiden. Bei Bedarf das Kerngehäuse ausstechen.

3. Den heißen Punsch nach Belieben abseihen und auf vier Gläser verteilen. Nach Geschmack mit Honig süßen.

Wichtig: Nur sammeln, was eindeutig zugeordnet werden kann! Denn Fichte und auch Tanne können mit der tödlich giftigen Eibe verwechselt werden. Ein wichtiges Unterscheidungsmerkmal ist der Zapfen: Die Eibe bildet keine aus. Die Fichtenzweige können auch durch Rosmarin ersetzt werden.

Für eine alkoholische Variante die Hälfte des Apfelsafts durch Weißwein ersetzen.

DIE ILLUSTRATION VON LEBENSMITTELN ODER DIE WAHRE NATUR DER DINGE ERKENNEN

Seit vielen Jahren beschäftige ich mich mit der japanischen Tuschemalerei, genannt *sumi-e* (übersetzt Schwarze-Tusche-Bild). Diese Form der Zen-Praxis ist an sich nicht als Kunst deklariert, sondern vielmehr ein meditativer Übungsweg. Es werden hauptsächlich Pflanzen und Landschaften dargestellt, aber auch Gegenstände des Alltags und Tiere. Ausschnitte werden gemalt, schnell, ohne viele Details. Es geht darum, das wahre Wesen oder die wahre Natur des Objekts darzustellen. Nur in Schwarz und Grau. Das bedeutet, dass man genau schauen und begreifen muss. Charakter, Stimmung, Wuchsrichtung, Oberflächenstruktur, Wärme oder Kälte und vieles mehr. Die detailgetreue Darstellung spielt keine Rolle, in der Schlichtheit offenbart sich das Wesentliche.

Nachdem ich einige Male auch Lebensmittel mit Tusche gemalt hatte, bemerkte ich, dass mir das große Freude bereitet. Ich habe also begonnen, andere Techniken auszuprobieren, und kam so zur *food illustration* mit bunten Aquarellfarben. Man möchte meinen: das Gegenteil der Tuschemalerei!

Aber wie so oft schließt das eine das andere nicht aus und die Ansätze lassen sich wunderbar vereinen. Beim Illustrieren unserer Rezepte geht es nämlich genau darum, die wahre Natur der Lebensmittel zu erkennen. Flüssiges, Süßes, Gebratenes, Gebackenes, Teig, Gemüse und Beeren, alles lebt von Oberfläche und Konsistenz! Und sobald das wiedergegeben wird, spielt auch hier die realistische Darstellung nicht die größte Rolle.

Die analoge Malerei hat Grenzen und gleichzeitig unendliche Möglichkeiten – und das ist wunderbar. Die Farben, die Pinsel und das Papier können jeden Tag aufs Neue herausfordern und überraschen. So bleibt die Kunst lebendig und einzigartig.

In den meditativen Übungswegen gibt es den Begriff des Anfängergeistes. Der Anfängergeist ist das, was es ermöglicht, aufgeschlossen zu bleiben und tiefes Interesse am Objekt zu entwickeln. Selbst wenn ich schon mindestens fünfzigmal Karotten dargestellt habe, versuche ich die nächste Karotte zu malen, als ob ich es das erste Mal tue!

Hier ist eine kleine Liste der wichtigsten Malutensilien, die ich verwende:

Schmincke Aquarellfarben
Schmincke Gouache
Faber Castell Polychromos Farbstifte
Copic Marker und Fineliner
Boesner Fineliner
Kuretake sumi-e graphite colors
Gel Pen weiß
Hahnemühle Aquarellpapier
Pinsel: alle, die mir in die Finger kommen

Mein Tipp als Illustratorin und Handwerkerin

Investiere in gute Qualität der Utensilien. Du ersparst dir viel Enttäuschung und die Dinge halten erfahrungsgemäß sehr lange. Befreie dich vom Leistungsdruck, male mit Freude und Leichtigkeit. Und trau dich zu experimentieren! Farben, Stifte und Untergründe dürfen gemischt werden. Nur so wächst Erfahrung und Verständnis!

Für die *food illustration* lege dir am besten ein Skizzenbuch in die Küche. Schnapp dir einen Apfel und einen Stift, schau, wo das Licht herkommt und der Schatten entsteht, und fang einfach an! Am Ende ist es in der Kunst ähnlich wie im Sport oder beim Erlernen eines Instruments oder einer Sprache: Talent ist das eine, wichtiger ist aber das konstante Üben und vor allem die Freude daran.

ZUTATENREGISTER

DANK

Im Frühjahr 2021 stand bei einem unserer Gespräche die Idee im Raum, ein gemeinsames Kochbuch zu machen. Schnell haben wir uns entschlossen, diese auch umzusetzen. Wir freuen uns sehr, dass unser Herzensprojekt nach intensiven drei Jahren gemeinsamer Arbeit nun in deinen Händen liegt. Natürlich kann so ein Projekt nicht allein funktionieren, daher geht ein großes Dankeschön an unsere Wegbegleiter:

> Verena Stindl, Danai Afrati, Laura Becker & Melanie Stiebner vom Stiebner Verlag für das Vertrauen in unser Projekt und die großartige Umsetzung
> Manfred Stromberg für die stimmungsvollen Fotos – Dreamteam!
> Heinz Hanuschka für das Erstellen des Exposés und das perfekte Styling
> Christina Matuella für die wärmende Kartoffelsuppe
> Eva Baumann für die wunderbaren Blumengestecke passend zu den Jahreszeiten
> Martin Kronthaler für den Fahrservice mit dem Schneemobil
> Gregor Kronthaler für die Fotolocation auf dem Bergbauernhof
> Andreas und Hans Gwiggner vom Biobergbauernhof Leitschwendt für die Fotolocation
> Anna Reinartz für die geheimen Eierschwammerl-Plätze
> Sonja Seisl für die duftenden Kräuterbuschen
> Julia Widmann für die wunderschönen Palmbuschen
> Heike Seisl für die tollen Dillblüten
> Sabines Familie
> Josephine, Robert und die Familie von Christina

Aus is's und gor is's und schod is's, dass's wohr is.
(Bairisch für »Aus ist es und gar ist es und schade ist es, dass es wahr ist.« – Ein sentimentaler Spruch, der das Ende von etwas Schönem beschreibt.)

LIEBE LESER:INNEN,

wir freuen uns, dass wir mit diesem Buch Teil eurer kulinarischen Reise sein dürfen. Noch mehr Inspiration, köstliche Anregungen und kreative Erlebnisse findet ihr auf unserer Verlagsseite **www.stiebner.com**.

Tretet mit uns in Kontakt!

Wir sind immer offen für eure Anregungen, Wünsche und Kritik – schreibt uns gerne unter **verlag@stiebner.com**.

Da geteilte Freude bekanntlich doppelte Freude ist: Zeigt uns eure kulinarischen Kreationen auf Social Media! Markiert uns mit @stiebnerverlag oder nutzt die folgenden Hashtags:
#StiebnerVerlag #StiebnerGenuss #AromaDerJahreszeiten

Copyright © 2024 Stiebner Verlag GmbH, Lothstraße 4, 80335 München
Texte: Christina Wiedemann
Illustrationen: Sabine Nimz
Fotografie: Manfred Stromberg Photography
(außer S. 84: photonic – stock.adobe.com, S. 85 li.: Max – stock.adobe.com, S. 85 re.: Ulrich – stock.adobe.com)
Cover und Layout: Danai Afrati
Projektleitung und Lektorat: Dr. Verena Stindl
Gedruckt bei Polygraf Print, Slowakei

ISBN 978-3-8307-1077-6

Bibliografische Information der Deutschen Nationalbibliothek:
Die Deutsche Nationalbibliothek verzeichnet diese Publikation in der Deutschen Nationalbibliografie; detaillierte bibliografische Daten sind im Internet über http://dnb.dnb.de abrufbar.
Die Rezepte und Anleitungen in diesem Buch wurden von den Autorinnen und den Mitarbeiter:innen des Verlags sorgfältig geprüft. Eine Garantie wird jedoch nicht übernommen. Autorinnen und Verlag können für eventuell auftretende Schäden nicht haftbar gemacht werden.
Wir produzieren unsere Bücher mit großer Sorgfalt und Genauigkeit. Trotzdem lässt es sich nicht ausschließen, dass uns in Einzelfällen Fehler passieren. Auf unserer Webseite finden sich bei dem jeweiligen Titel eventuelle Korrekturen (Errata). Sollten Sie in diesem Buch einen Fehler finden, so bitten wir um einen Hinweis an verlag@stiebner.com. Für solche Hinweise sind wir sehr dankbar, denn sie helfen uns, besser zu werden.
Die automatisierte Analyse des Werkes, um daraus Informationen insbesondere über Muster, Trends und Korrelationen gemäß § 44b UrhG (»Text and Data Mining«) zu gewinnen, ist untersagt.

www.stiebner.com